UTB

Eine Arbeitsgemeinschaft der Verlage

Böhlau Verlag · Wien · Köln · Weimar
Verlag Barbara Budrich · Opladen · Farmington Hills
facultas.wuv · Wien
Wilhelm Fink · München
A. Francke Verlag · Tübingen und Basel
Haupt Verlag · Bern · Stuttgart · Wien
Julius Klinkhardt Verlagsbuchhandlung · Bad Heilbrunn
Mohr Siebeck · Tübingen
Nomos Verlagsgesellschaft · Baden-Baden
Orell Füssli Verlag · Zürich
Ernst Reinhardt Verlag · München · Basel
Ferdinand Schöningh · Paderborn · München · Wien · Zürich
Eugen Ulmer Verlag · Stuttgart
UVK Verlagsgesellschaft · Konstanz, mit UVK/Lucius · München
Vandenhoeck & Ruprecht · Göttingen · Oakville
vdf Hochschulverlag AG an der ETH Zürich

Klaus Samac
Monika Prenner
Herbert Schwetz

Die Bachelorarbeit an Universität und Fachhochschule

Ein Lehr- und Lernbuch zur
Gestaltung wissenschaftlicher Arbeiten

2., aktualisierte und erweiterte Auflage

facultas.wuv

Bibliografische Information der Deutschen Nationalbibliothek

Die Deutsche Nationalbibliothek verzeichnet diese Publikation in der Deutschen Nationalbibliografie; detaillierte bibliografische Daten sind im Internet über http://dnb.d-nb.de abrufbar.

2. Auflage 2011

facultas.wuv Universitätsverlag, Siebenbrunnengasse 19–21, 1050 Wien, Österreich

Lektorat: Susanne Müller, Wien
Einbandgestaltung: Atelier Reichert, Stuttgart
Coverbild: Yuri Arcurs, Fotolia.de
Graphik & Satz: Florian Spielauer, Wien
Druck: Ebner & Spiegel
Printed in Germany
ISBN (UTB print): 978-3-8252-3605-2
ISBN (UTB E-book): 978-3-8385-3605-7

Zum Geleit

Die Neuausrichtung der Studien innerhalb der Reform des europäischen Hochschulsystems macht es notwendig, internationale Qualitätsstandards zu definieren. Diese, als *Performance-Standards* ergebnisorientiert gedacht, richten sich stärker auf die zu erreichenden Kompetenzen von Studierenden und damit auch auf ihre Abschlussarbeiten, die zudem im Kontext neuer Feedback-Kulturen zu sehen sind. Eine starre Frage-Antwort-Prüfungskultur wurde und wird abgelöst von problemlösungsbezogenen Produkten von Studierenden, die auch kleine Beiträge zu realen Fragen ihrer zukünftigen Berufsfelder darstellen sollen.

Dieser Wandel benötigt freilich auch Prozess-Standards, also Antworten auf die Frage nach den Rahmenbedingungen und Unterstützungssystemen der universitären und hochschulischen Institutionen für Studierende.

Die an eine Bachelorarbeit anzulegenden Abfassungs- und Beurteilungskriterien sagen viel darüber aus, welche Qualität man sich bezüglich der erreichten Kompetenzen am Ende der Zyklus-1-Phase, also des akademischen Bachelorabschlusses, vorstellt.

In einer Zeit des *electronic text processing,* in der der Textbegriff seine kanonische Gültigkeit verloren hat, ist es wichtig, dass Studierende die Schreibarbeit am PC als Ausdruck ihres eigenen Könnens erfahren. Authentische Autorschaft bedeutet, dass die Bachelorarbeit als erste größere wissenschaftliche Arbeit am Ende des ersten Ausbildungsabschnitts wissenschaftlichen Kriterien genügt und als eigenständiger Text bezeichnet werden kann. Diese Arbeit prägt das Erststudium und soll so betreut und begleitet werden, dass die Präzision der gestellten Fragen, die wissenschaftlich fundierte Seriosität der Antworten und die dynamische Entwicklung eines eigenen Schreibstils schon im Zyklus 1 des Studiums befördert werden.

Das vorliegende Lehr- und Lernbuch ist dazu eine unverzichtbare Hilfe.

Wien, im August 2009

PD DDr. Ulrike Greiner

Rektorin der Kirchlichen
Pädagogischen Hochschule
Wien/Krems

Viele werden dieses Buch nicht brauchen. Sie wissen, dass eine Arbeit ein Deckblatt braucht und man Quellen in Mitteleuropa seit der Barockzeit ordentlich zitieren muss (vorher war die Praxis etwas loser, vorsichtig gesagt). Diese *beati possidentes* (das ist lateinisch und bedeutet in etwa: die, die es schon in die Wiege gelegt bekommen haben) wissen sogar, wo sie die Quellen finden können, die sie zitieren wollen. Als ich selbst Assistent für Kirchengeschichte im lieblichen Tübingen war, glaubte ich, es gäbe nur solche Paradieskinder, die aus dem schwäbischen Bürgertum stammen, *beati possidentes* übersetzen können und abends vor dem Einschlafen noch einen lateinischen Kirchenvater oder eine griechische Tragödie lesen – höchstens zweisprachig, besser einsprachig.

„We are moving on the basics", formulierte ein Lehrer an meiner Schule, der zwar die *facultas* für Englisch besaß, aber offenkundig nur wenig Kontakt mit der lebendigen englischen Sprache, ja mit lebendigen Engländern hatte. Solche Bewegungen auf den Fundamenten sollte man nicht verachten. Just the opposite, um meinen Bildungsdiskurs in der nach der Ablösung des Lateinischen inzwischen verbreiteten *lingua franca* der globalisierten Welt fortzusetzen. Ich habe das Buch, bevor ich dieses Geleitwort schrieb, gelesen und festgestellt, dass selbst ich, der ich – einer vorläufigen Schätzung nach – diverse Titelblätter gelesen, weitere geschrieben und allerlei als Fahnen abgesegnet habe (und hoffentlich dabei keinen Fehler übersah), noch allerlei lernen kann aus diesen Seiten – und sei es für meine eigenen Proseminare, die ich nach wie vor gern halte. Insbesondere über mein Schreibprogramm „Word" habe ich noch allerlei erfahren, da ich es nie für notwendig hielt, Bedienungsanleitungen zu lesen. Wirklich empfehlen kann ich diese Haltung übrigens nicht.

Ich erkläre, dass ich dies vorliegende Vorwort selbst verfasst habe und die klugen und liebenswürdigen Vorschläge von zwei Referenten zu vollmundigen Bekenntnissen zum Bologna-Prozess, zum lebenslangen Lernen etc. pp. mutwillig verworfen habe (vgl. S. 68 f., die eidesstattliche Erklärung). Und ich versichere allen, die sich durch diesen Text gekämpft haben – der zeigt, dass zwar das Leben ernst sein mag, aber die Kunst (zu lernen, zu lehren, zu studieren, Bachelorarbeiten zu schreiben) auch heiter sein will – meine allerbesten Wünsche bei der Abfassung ihrer eigenen Bachelorarbeit. Was die *technica* angeht: Besser kann man kaum vorbereitet sein. Nun müssen Sie nur noch ein wenig Inhalt zwischen die perfekten Titelblätter und Gliederungen bringen. Dazu die allerherzlichsten Wünsche.

Berlin, im August 2009 *Prof. Dr. Dr. h.c. Christoph Markschies*

Präsident der Humboldt-Universität zu Berlin

Der Name „Bologna" steht am Anfang der Geschichte des Hochschulwesens. Im Jahre 1088 wurde dort die erste Universität der Welt gegründet. Der Name macht mit der im Jahre 1999 unterzeichneten Deklaration von Bologna erneut Geschichte und steht für die erste umfassende Reform des europäischen Hochschulsystems. Diese Standardisierung sollte in erster Linie der Erhöhung der Mobilität der Studierenden sowie einer besseren Ausrichtung des Studiums auf den Arbeitsmarkt dienen. Angestrebt war zudem eine grundsätzliche Erhöhung der Qualität des Bildungswesens im Hinblick auf das Bestehen in einem zunehmend globalen Kontext.

Trotz gewisser Startschwierigkeiten ist die Bologna-Reform ein unumgänglicher Prozess im Hinblick auf die Einbindung der Hochschullandschaft in die Bewältigung der Herausforderungen, denen sich eine moderne Gesellschaft zu stellen hat. Das Wissen, seine Erneuerung und die damit verbundene Innovation sind zu Schlüsselgrößen geworden, von denen die gesellschaftliche Entwicklung wesentlich abhängt. Die in diesem Zusammenhang immer wieder gehörte Forderung, dass die Universitäten sich vermehrt auf diese Herausforderungen einzulassen haben, ist mittlerweile kaum mehr bestritten. Sie hat zu einem tief greifenden Wandel der Universitätslandschaft geführt, der auch eine verstärkte Autonomie der einzelnen Hochschuleinrichtungen mit sich gebracht hat. Dieses Lehrbuch ist in hervorragender Weise geeignet bei der Umsetzung zu helfen, indem es einerseits die Studierenden und andererseits die Lehrenden in diesem Entwicklungsprozess unterstützt.

Der Bologna-Prozess begleitet diesen kulturellen Wandel und schafft dank des dreistufigen Studiensystems die Möglichkeit, eine breite Grundausbildung mit einer zunehmenden, auf unterschiedliche Anforderungen ausgerichteten Spezialisierung zu kombinieren. Den Studierenden verspricht dies Schnittstellen zum Arbeitsmarkt von hoher Durchlässigkeit, die Forschung erhält damit die dringend benötigten Spezialisten für sich immer feiner verästelnde Fachbereiche. Für die Gesellschaft und speziell die Wirtschaft ist der Bologna-Prozess auf jeden Fall ein Gewinn. Für die Universitäten hingegen hängt der langfristige Erfolg des noch immer laufenden Prozesses davon ab, dass es ihnen gelingt, über der klaren Strukturierung und Flexibilisierung ihres Angebots im Hinblick auf klare Lernziele ihren in einer langen Tradition erworbenen Charakter als offene Werkstatt des Wissens zu bewahren.

Basel, im August 2009

Prof. Dr. Antonio Loprieno

Rektor der Universität Basel
Präsident der Rektorenkonferenz
der Schweizer Universitäten

Vorwort

Dieses Lehrbuch entstand aus der Absicht, einerseits den Studierenden an Universitäten und Fachhochschulen bei der Erstellung ihrer Bachelorarbeit eine Unterstützung zu geben und andererseits jenen Lehrpersonen, die am Beginn ihrer Betreuungstätigkeit von Bachelorarbeiten stehen, Anregungen anzubieten. Unsere Erfahrungen aus der täglichen Lehrtätigkeit, ganz besonders im Zusammenhang mit den inhaltlichen und formalen Kriterien wissenschaftlichen Arbeitens, veranlassten uns ein anschauliches und praxisbezogenes Lehrbuch zur Hodegetik[1] (Lehre vom wissenschaftlichen Arbeiten) zu schreiben. Uns geht es vorrangig um jene zentralen Fragen, die sich Studierende an Universitäten und Fachhochschulen stellen, wenn sie mit ihrer Bachelorarbeit beginnen:

Wie und wo suche und finde ich eine geeignete Thematik?
Wie entwickle ich eine Forschungsfrage?
Wie muss ich meine Arbeit strukturieren?
Wo finde ich passende Literatur?
Wie zitiere ich die Literatur richtig?
Wie verwende ich den Computer am zweckmäßigsten?
Wie soll ich meine Bachelorarbeit präsentieren?
Nach welchen Kriterien wird meine Arbeit beurteilt?

Für die betreuenden und beurteilenden Lehrpersonen gehen wir den Fragen nach:
Welche Tätigkeiten umfasst eine unterstützende Betreuung?
Nach welchen Kriterien soll eine Bachelorarbeit beurteilt werden?

Ein Worddokument als Mustervorlage mit allen voreingestellten Überschriften, Verzeichnissen, Formatvorlagen und sonstigen Einstellungen, in das die Bachelorarbeit geschrieben werden kann, steht zum Download auf http://www.ktv-krems.at/samac/ zur Verfügung.

Wir danken allen Kolleginnen und Kollegen sowie allen Studierenden sehr herzlich, die dieses Lehrbuch in unterschiedlicher Weise unterstützt und ermöglicht haben. Über Anregungen, Hinweise und kritische Anmerkungen freuen wir uns (klaus.samac@kphvie.at).

Krems an der Donau, im September 2011

Klaus Samac
Monika Prenner
Herbert Schwetz

---

1 Die Bedeutung der Hodegetik ist in letzter Zeit durch Aberkennungsverfahren von akademischen Graden an Universitäten sehr stark in das öffentliche und fachliche Bewusstsein gerückt (prominentes Beispiel: Karl-Theodor zu Guttenberg).

Inhaltsverzeichnis

Zum Inhalt ... 17

TEIL 1 (FÜR STUDIERENDE) ... 19

1 Zu den Grundlagen und Regelungen ... 19
1.1 Der Bologna-Prozess ... 19
1.1.1 Vergleichbare Hochschulbildung in Europa ... 20
1.1.2 Das ECTS-Modell ... 21
1.2 Ziel und Zweck der Bachelorarbeit ... 22
1.3 Die Vorgabe „wissenschaftlich“ ... 23
1.4 Beispiele standortspezifischer Vorgaben ... 24
1.5 Zeitrahmen ... 27
1.6 Beurteilung der Bachelorarbeit ... 29
1.6.1 Schriftliches Gutachten ... 29
1.6.2 Defensio ... 30
1.7 Allgemeine Empfehlungen ... 30

2 Zur Themenfindung und Forschungsfrage ... 32
2.1 Empfehlungen für die Recherche von Quellen ... 33
2.2 Wissenschaftliche Quellen ... 35
2.3 Literaturrecherche im Zeitalter des Internet ... 36
2.4 Recherchieren in elektronischen Bibliothekskatalogen ... 38
2.5 Themenfindung und Arbeitstitel ... 45
2.6 Formulierung der Forschungsfrage ... 48
2.6.1 Kennzeichen einer guten Forschungsfrage ... 48
2.6.2 Kennzeichen einer schlechten Forschungsfrage ... 49
2.7 Grundtypen verschiedener Fragestellungen ... 49
2.8 Beantwortung der Forschungsfrage ... 52
2.9 Beispiele gelungener Arbeitstitel und Forschungsfragen ... 53

3 Zur formalen Gestaltung der Bachelorarbeit ... 56
3.1 Deckblatt ... 58
3.2 Kurzzusammenfassung ... 58
3.3 Vorwort ... 59
3.4 Verzeichnisse ... 59
3.5 Einführung in die Problemstellung ... 62

3.6 Hauptteil – nachfolgende Kapitel 63
3.6.1 Inhaltliche Bausteine 64
3.6.2 Grundsätze der Gliederung 64
3.6.3 Verzierungen 66
3.7 Zusammenfassende Darstellung 66
3.8 Literaturverzeichnis 67
3.9 Anhang 68
3.10 Eidesstattliche Erklärung 68
3.11 Lebenslauf 69
3.12 Weitere Darstellungsformen 69
3.12.1 Abbildungen 69
3.12.2 Tabellen 70
3.13 Äußere Form der Bachelorarbeit 71
3.14 Stil der Bachelorarbeit 72

4 Zur Textverarbeitung mit Word 74
4.1 Vor Arbeitsbeginn 74
4.1.1 Den Anleitungen dieses Kapitels folgen 74
4.1.2 Die integrierte Word-Hilfe benutzen 76
4.2 Erste Arbeitsschritte 79
4.2.1 Eine Datei anlegen und speichern 79
4.2.2 Das Menüband anpassen 81
4.2.3 Das Seitenlayout anpassen 82
4.2.4 Formatvorlagen anpassen 83
4.2.5 Neue Formatvorlagen generieren 86
4.2.6 Sicherungskopien erstellen 89
4.3 Die Entstehung der Bachelorarbeit 91
4.3.1 Formatvorlagen verwenden 92
4.3.2 Zusätzliche Gestaltungselemente einfügen 93
4.3.3 Die Arbeit am Schluss überprüfen 95
4.4 Die effiziente Nutzung von Word 96
4.4.1 Die Gliederungsansicht benutzen 96
4.4.2 Inhaltsverzeichnis automatisch erstellen 97
4.4.3 Darstellungsbeschriftungen und -verzeichnisse 99
4.4.4 Querverweise 101
4.4.5 Weitere Programmfunktionen nutzen 102

5 **Zu den Quellen und zur Zitation** **103**
5.1 Quellen in gedruckter Form 103
5.2 Quellen im Internet 106
5.3 Zum Literaturverzeichnis 106
5.3.1 Literaturen in Papierform 107
5.3.2 Literaturen in elektronischer Form (Internet) 113
5.4 Zum Zitieren 117
5.4.1 Wörtliche (direkte) Zitate 118
5.4.2 Sinngemäße (indirekte) Zitate 121
5.4.3 Übernahme von Darstellungen 123

6 **Präsentieren** **124**

TEIL 2 (FÜR LEHRENDE) **131**

7 **Zur Betreuung der Bachelorarbeit** **131**
7.1 Wesen der Bachelorarbeit 131
7.2 Die Betreuung 132
7.3 Die Beurteilung 134
7.3.1 Beurteilungskriterien der schriftlichen Bachelorarbeit 134
7.3.2 Beurteilungskriterien der Defensio 139

8 **Literaturverzeichnis** **141**

Über die Autoren **143**

Abbildungsverzeichnis

Abb. 1: Quellen, die wissenschaftliche Inhalte enthalten können 35
Abb. 2: Homepage der Universitätsbibliothek (UB) Wien 39
Abb. 3: UB Wien – Literaturrecherche 39
Abb. 4: UB Wien – Bibliothekskataloge 40
Abb. 5: Suchfeld – Schnellsuche im Gesamtkatalog 40
Abb. 6: Ergebnisse zum Schlagwort *wissenschaft* im Gesamtkatalog 41
Abb. 7: Ergebnisse zu *wissenschaft präsentieren* im Gesamtkatalog 41
Abb. 8: Inhaltsverzeichnis eines recherchierten Werkes 42
Abb. 9: Vollanzeige eines Suchtreffers 43
Abb. 10: Bestandsangaben zu einem bestimmten Werk 43
Abb. 11: Ergebnisse zu wissenschaft präsentation im Uni-Katalog 44
Abb. 12: Fernleihe über Online-Katalog der UB Wien 44
Abb. 13: Hilfe zum Online-Katalog 45
Abb. 14: Eingrenzung des Arbeitstitels mit Hilfe eines Untertitels (a) 46
Abb. 15: Eingrenzung des Arbeitstitels mit Hilfe eines Untertitels (b) 47
Abb. 16: Weitere Eingrenzung des Arbeitstitels 47
Abb. 17: Formale Bausteine der gebundenen Bachelorarbeit 57
Abb. 18: Falsche Gliederung des fiktiven Kapitels 3 65
Abb. 19: Richtige Gliederung des fiktiven Kapitels 3 65
Abb. 20: Falsche Gliederung des fiktiven Kapitels 3 durch Wortwiederholung 65
Abb. 21: Richtige Gliederung des fiktiven Kapitels 3 ohne Wortwiederholung 65
Abb. 22: Vierstufige Gliederung des fiktiven Kapitels 5 66
Abb. 23: Beispiel zur Darstellung der Arbeitsschritte (Dialogbox Drucken) 75
Abb. 24: Bearbeitungen über die Menüleiste nach Rechtsklick 76
Abb. 25: Die Dialogbox Word-Hilfe mit den Suchergebnissen zu „absatz" 77
Abb. 26: Interaktives Handbuch Word 2003 78
Abb. 27: Interaktives Handbuch Word 2007 79
Abb. 28: Eine Datei speichern 80
Abb. 29: Symbolleiste für den Schnellzugriff 81
Abb. 30: Symbolleiste für den Schnellzugriff 82
Abb. 31: Seitenlayout festlegen 83
Abb. 32: Seite einrichten 83
Abb. 33: Formatvorlagen anpassen 84
Abb. 34 Formatvorlage ändern 84
Abb. 35: Schrifteinstellungen für Formatvorlage *Standard* 85
Abb. 36: Absatzeinstellungen für Formatvorlage *Standard* 85
Abb. 37: Text mit Formatvorlage *Standard* 86
Abb. 38: Neue Formatvorlage generieren 86
Abb. 39: neue Formatvorlage *Textkörper* zuweisen 87

Abb. 40: Einstellungen für Formatvorlage Überschrift 1 88
Abb. 41: Dialogbox Liste mit mehreren Ebenen 88
Abb. 42: Gliederung anpassen 89
Abb. 43: Sicherungskopie an USB-Stick schicken 90
Abb. 44: Anzeigenlassen aller Zeichen 91
Abb. 45: Formatvorlagenkatalog anzeigen lassen 92
Abb. 46: Zuweisung der Formatvorlage Überschrift 3 92
Abb. 47: Aufrufen der Dialogbox *Symbol* 93
Abb. 48: Dialogbox *Symbol* 93
Abb. 49: Fuß- und Endnotenkatalog im Menüband 94
Abb. 50: Fuß- und Endnote 94
Abb. 51: Seitenpaginierung in Kopfzeile einfügen 95
Abb. 52: Gliederungsansicht 97
Abb. 53: Automatisches Inhaltsverzeichnis 98
Abb. 54: Einstellungen zum Inhaltsverzeichnis 98
Abb. 55: Beschriftung von Darstellungen 99
Abb. 56: Dialogbox *Beschriftung* 99
Abb. 57: Automatisches Abbildungsverzeichnis einfügen 100
Abb. 58: Auswahl des entsprechenden Verzeichnisses 100
Abb. 59: Querverweis einfügen 101
Abb. 60: Verweistyp 101

Tabellenverzeichnis

Tab. 1: Inhaltliche Kriterien wissenschaftlicher Arbeiten ... 23
Tab. 2: Mindestvorgaben für Bachelorarbeiten ... 24
Tab. 3: Phasen zur Erstellung der Bachelorarbeit ... 28
Tab. 4: Ideen, die zum Finden eines Themas anregen und beitragen können ... 32
Tab. 5: Ratgeber für die Literaturrecherche ... 33
Tab. 6: Hand- und Fachbücher für Erstrecherchen in der Disziplin Pädagogik ... 36
Tab. 7: Kennzeichen einer guten Forschungsfrage ... 48
Tab. 8: Vorgang der Beantwortung der Forschungsfrage ... 49
Tab. 9: Kennzeichen einer schlechten Forschungsfrage ... 49
Tab. 10: Grundtypen verschiedener Fragestellungen ... 51
Tab. 11: Beispiel einer systemtheoretisch basierten Erklärung ... 52
Tab. 12: Beispiele bildungswissenschaftlicher Arbeitstitel und Fragestellungen ... 53
Tab. 13: Beispiele von Arbeitstiteln und Fragestellungen weiterer Wissenschaftsgebiete ... 55
Tab. 14: Umrechnungstabelle Seiten/Wörter/Zeichen ... 56
Tab. 15: Formale Gestaltung des Deckblattes ... 58
Tab. 16: Bestandteile der Überschriften des Inhaltsverzeichnisses ... 60
Tab. 17: Beispiel eines Inhaltsverzeichnisses ... 61
Tab. 18: Drei Aspekte der Einführung in die Problematik ... 62
Tab. 19: Drei Aspekte der zusammenfassenden Darstellung ... 67
Tab. 20: Eidesstattliche Erklärung – Text ... 69
Tab. 21: Grundsätze der Tabellenerstellung ... 70
Tab. 22: Äußere Formvorschriften für die Bachelorarbeit ... 71
Tab. 23: Wichtige Hinweise beim Formulieren eigener Gedanken ... 73
Tab. 24: Tipps zur Überprüfung des Dokuments ... 95
Tab. 25: Anhaltspunkte für wissenschaftliche Arbeiten ... 104
Tab. 26: Fragen zu einem Fachbuch ... 104
Tab. 27: Unterscheidung zwischen wissenschaftlichen und praktischen Texten ... 105
Tab. 28: Literaturangabe von Büchern ... 107
Tab. 29: Literaturangabe von Beiträgen in Büchern (Sammelbänden) ... 108
Tab. 30: Literaturangabe von Zeitschriften mit Jahrgangs- bzw. Bandpaginierung ... 108
Tab. 31: Literaturangabe von Zeitschriften mit heftweiser Paginierung ... 109
Tab. 32: Literaturangabe von Themenheften von Zeitschriften ... 110
Tab. 33: Literaturangabe von Forschungsberichten und Dissertationen ... 110
Tab. 34: Notwendige Präsentationskompetenzen ... 124
Tab. 35: Zielkatalog einer Präsentation ... 124
Tab. 36: Checkliste für die Planung einer Präsentation ... 125
Tab. 37: Beispiel einer siebenteiligen Präsentation ... 127
Tab. 38: Beispiel gelungener Überleitungen bei einer Präsentation ... 127
Tab. 39: Aufgaben der Lehrpersonen im Rahmen der Betreuung und Beurteilung ... 132

Tab. 40: Aufgaben der Studierenden ... 133
Tab. 41: Kompetenzen, die zu fördern und zu entwickeln sind ... 133
Tab. 42: Vier umfassende Kriterienblöcke zur Beurteilung der Bachelorarbeit ... 135
Tab. 43: Vier Stufen zur Beurteilung des wissenschaftlichen Wertes ... 136
Tab. 44: Checkliste zur Beurteilung der Bachelorarbeit ... 137
Tab. 45: Formalisierte Beurteilungskategorien ... 139
Tab. 46: Kriterien für die Beurteilung der Defensio ... 140

Zum Inhalt

Ein Resultat des Bologna-Prozesses[2] ist die Definition eines Systems von drei aufeinander aufbauenden Zyklen in der Hochschulbildung. Diese Zyklen werden in der Bergen-Deklaration durch ein grobes Rahmenwerk von Qualifikationen und ECTS-Credits definiert[3]. Der erste Zyklus umfasst typischerweise 180 bis 240 Credit Points (in der Regel mit Bachelor bezeichnet) und verlangt zumeist das Abfassen einer Bachelorarbeit.

Dieses Lehrbuch orientiert sich (1) an den in der Scientific Community allgemein akzeptierten Regeln beim Abfassen wissenschaftlicher Arbeiten sowie (2) an den recherchierten Vorgaben von Universitäten und Fachhochschulen zum Abfassen von Bachelorarbeiten in Österreich, Deutschland und der Schweiz und besteht im Wesentlichen aus zwei Teilen.

Im Teil 1 werden in erster Linie die Studierenden angesprochen. Neben den rechtlichen Grundlagen der Bachelorarbeit werden auch Ziel und Zweck sowie Hinweise zum Zeitrahmen dargelegt. Aufgezeigt wird, wie Studierende an ein Thema herangehen und die unbedingt notwendige(n) Forschungsfrage(n) daraus entwickeln können. Ein weiterer Abschnitt behandelt die formale Gestaltung der einzelnen Strukturteile der Bachelorarbeit. Praktische Hinweise zur Textverarbeitung mit Word werden dargestellt und beschrieben. Möglichkeiten der Literatur- und Quellensuche einschließlich der Literaturrecherche mit Hilfe des Internets sowie die Formalkriterien bei Zitation und Quellenangaben werden aufgezeigt. Dieser Teil ist als praktische Hilfestellung für Studierende zu verstehen, die sich zum ersten Mal in ihrem Studium mit der Aufgabe konfrontiert sehen, eine größere Abschlussarbeit zu verfassen, die jenen allgemeinen wissenschaftlichen Ansprüchen genügen muss, die man an Studierende im ersten Ausbildungsabschnitt ihrer akademischen Laufbahn richtet.

Im Teil 2 wurde der Versuch unternommen, zur Betreuung der Bachelorarbeit aus hochschuldidaktischer Sicht Stellung zu beziehen. Insbesondere werden das Wesen der Bachelorarbeit dargestellt, diese als schriftliche, wissenschaftliche (Haus-) Arbeit charakterisiert und Möglichkeiten aufgezeigt, wie ihre Betreuung, aber letztendlich auch ihre Beurteilung nach hochschuldidaktischen und wissenschaftlichen Grundsätzen ausgerichtet werden kann.

2 Mit dem Ziel eines vergleichbaren europäischen Hochschulwesens wurde auf der Grundlage der Sorbonne-Erklärung 1998 (Bildungsminister aus Frankreich, Deutschland, Italien und Großbritannien) am 19. Juni 1999 die Erklärung von 29 Bildungsministern im italienischen Bologna unterzeichnet. Die Vorbereitung und Umsetzung dieser (unverbindlichen) Erklärung wird als Bologna-Prozess bezeichnet.

3 Vgl. Wikipedia: *Bologna-Prozess.* URL: http://de.wikipedia.org/wiki/Bologna-Prozess#Zyklen [10.4.2009]

TEIL 1
(FÜR STUDIERENDE)

1 Zu den Grundlagen und Regelungen

Bachelorstudien werden an den Universitäten oder Fachhochschulen im deutschen Sprachraum unterschiedlich geregelt. Nicht durchgängig wird das Verfassen einer Bachelorarbeit verlangt. Dort, wo eine Bachelorarbeit vorgesehen ist, sind die Bestimmungen sehr unterschiedlich. Geregelt werden die Studien auf nationaler Ebene (Österreich) bzw. auf Ebene der Bundesländer (Deutschland) oder Kantone (Schweiz) zumeist durch Universitäts- und Hochschulgesetze und auf Ebene der Bildungsinstitutionen durch die jeweiligen Curricula sowie Studien- und Prüfungsordnungen oder vergleichbare Regelwerke.

1.1 Der Bologna-Prozess

Bereits im Jahre 1997 wurde durch die Lissabon-Konvention[4] ein unverbindliches Übereinkommen über die Anerkennung von Qualifikationen im Hochschulbereich in der europäischen Region zum Ausdruck gebracht. Mit der Unterzeichnung der Sorbonne-Erklärung[5] durch die für Hochschulbildung zuständigen Ministerinnen und Minister Deutschlands, Frankreichs, Italiens und Großbritanniens begann der Bologna-Prozess. Diese Erklärung löste heftige Diskussionen unter den Akteurinnen und Akteuren der Hochschulbildung in ganz Europa aus, vor allem durch die Verwendung des Begriffs „Harmonisierung der Hochschulsysteme"[6].

---

4 *Übereinkommen über die Anerkennung von Qualifikationen im Hochschulbereich in der europäischen Region* (1997, 11. April). Lissabon. URL: http://www.bmwf.gv.at /fileadmin/user_upload/europa/bologna/Lissabon_dt.pdf [5.4.2009]

5 *Sorbonne Joint Declaration. Joint Declaration on Harmonisation of the Architecture of the European Higher Education System* (1998, 25. Mai). Paris. URL: http://www.bmwf.gv.at/fileadmin/user_upload/europa/bologna/CoP034_Sorbonne_declaration.pdf [5.4.2009]

6 Vgl. Österreichisches Bundesministerium für Wissenschaft und Forschung: *Europäischer Hochschulraum – Der Bologna-Prozess im Überblick. Beschreibung der Entwicklungsschritte.* URL: http://www.bmwf.gv.at/submenue/euinternationales/bolognaprozess/ueberblick/ [5.4.2009]

1.1.1 Vergleichbare Hochschulbildung in Europa

Im Juni 1999 wurde in Bologna die sogenannte und nicht verbindliche Bologna-Erklärung von 31 Ministerinnen und Ministern aus 29 Staaten unterzeichnet. Ziel dieser Erklärung ist die Schaffung eines europäischen Hochschulraums bis 2010. Dies soll durch die Umsetzung der sogenannten Bologna-Ziele erreicht werden. Dabei geht es unter anderem um die (1) Einführung eines Systems leicht verständlicher und vergleichbarer Abschlüsse (Diploma Supplement), (2) Schaffung eines zweistufigen Studiensystems (gegenwärtig bekannt unter Bachelor- und Masterstudien, in der Erklärung jedoch nicht explizit genannt), (3) Einführung eines Leistungspunktesystems nach dem ECTS-Modell und (4) Förderung größtmöglicher Mobilität von Studierenden, Lehr-, Wissenschafts- und Verwaltungspersonal[7].

In weiterer Folge wurden Konferenzen in Prag (2001), Berlin (2003), Bergen (2005), London (2007) und Leuven/Louvain-la-Neuve (2009) durchgeführt. In erster Linie geht es in der nächsten Zukunft neben der weiteren Umsetzung der bereits vereinbarten Ziele im Bereich (1) der Studienarchitektur, (2) der Qualitätssicherung und (3) der Anerkennung um (4) die Beschäftigungsfähigkeit und die Relevanz der Abschlüsse für den Arbeitsmarkt, (5) die weitere Verstärkung der sozialen Dimension durch die Erarbeitung nationaler Strategien, (6) die Nutzung von Synergieeffekten zwischen den europäischen Hochschulen und dem europäischen Forschungsraum durch die Umsetzung der europäischen Kriterien in der Doktoratsausbildung sowie (7) die internationale Zusammenarbeit, die Attraktivität und die Wettbewerbsfähigkeit Europas als Wissenschaftsstandort. Zugleich werden (8) ein gerechter Hochschulzugang, (9) die Steigerung der Mobilität von Studierenden und Lehrenden, (10) die bessere Nutzung von Synergieeffekten zwischen Forschung und Hochschulbildung und (11) ein stärkerer Dialog und Wissenschaftstransfer zwischen Hochschule, Wirtschaft und Gesellschaft angestrebt[8]. Die internationale Kooperation wird sich zwischen partnerschaftlicher Zusammenarbeit und Wettbewerb bewegen.

Das traditionelle Studiensystem in Deutschland, Österreich und der Schweiz führt in vier bis fünf Jahren nach Schulabschluss direkt zu einem Diplom- oder Magistergrad. In Österreich wurden bzw. werden diese Studien generell als Diplomstudien bezeichnet, der akademische Grad ist der Magister oder in technischen Studienrichtungen der Diplomingenieur. In Deutschland ist das System etwas komplizierter, weil die Hochschulbildung unter Länderhoheit fällt. Als akademische Grade wurden bzw. werden Diplome (Diplominformatiker, Dip-

7 Vgl. Europäische Bildungsminister 1999, S. 3 f.

8 Vgl. Österreichisches Bundesministerium für Wissenschaft und Forschung: Europäischer Hochschulraum – Der Bologna-Prozess im Überblick. Beschreibung der Entwicklungsschritte. URL: http://www.bmwf.gv.at/submenue/euinternationales/bolognaprozess/ueberblick/ [5.4.2009]

lomvolkswirt etc.) sowie Magister vergeben. Die Studien sind in zwei bis drei Abschnitte unterteilt, für die aber keine akademischen Grade verliehen werden. Zumeist sind große Teilprüfungen abzulegen und eine Abschlussarbeit (Diplom- oder Magisterarbeit) zu schreiben[9].

1.1.2 Das ECTS-Modell

Ein bekanntes Resultat der Bergen-Deklaration[10] ist ein grobes Rahmenwerk von Qualifikationen und ECTS[11]-Credits[12] zur dreizyklischen Hochschulbildung. (1) Der erste Zyklus umfasst typischerweise 180–240 Leistungspunkte[13]. Meistens, jedoch auf internationaler Ebene nicht geregelt, berechtigt der erfolgreiche Abschluss zum Führen des akademischen Grades Bachelor. (2) Der zweite Zyklus soll 90–120 Leistungspunkte umfassen, mindestens aber 60, und führt meistens zum akademischen Grad Master. (3) Der dritte Zyklus erfordert eigenständige Forschung und wird mit dem akademischen Grad Doktor bzw. PhD (Philosophiae Doctor) abgeschlossen. Dazu gibt es keine ECTS-Empfehlung, allerdings wird ein Arbeitsaufwand von drei bis vier Jahren bei Vollzeitbeschäftigung angenommen. Die tatsächliche Benennung der Zyklen bleibt offen. Wie die jeweiligen akademischen Grade in den jeweiligen Staaten tatsächlich genannt werden (Bachelor, Bakkalaureat, Licence, Laurea, Master etc.) hat keinen Einfluss auf ihre Kompatibilität zum Rahmenwerk; ein Zwang zur Umbenennung besteht daher nicht[14].

Mit Leistungspunkten (LP) bzw. Credit Points (CP) wird der Arbeitsaufwand „gemessen". Sie beziffern die durchschnittliche Arbeitslast des Studiums („workload") und einzelner erfolgreich absolvierter Module. Grundlage für die Vergabe von Credit Points nach ECTS-Standard ist die Annahme eines in Stunden gemessenen durchschnittlich zu leistenden Arbeitsaufwandes für das Studium. Die Annahme ist ein Aufwand von 1500–1800 Stunden pro akademischem Jahr im Vollzeitstudium, der sich in 60 Leistungspunkten ausdrückt. Ein Leistungspunkt entspricht daher 25 bis 30 Arbeitsstunden, wobei sich beispielsweise in Deutschland die Kultusministerkonferenz für 30 Arbeitsstunden pro Leistungspunkt ausgesprochen hat.

9 Vgl. Brunner, Klaus A. (2007, 14. April): *Studiensysteme im deutsch- und englischsprachigen Raum: ein kurzer Überblick.* URL: http://klaus.e175.net/unisysteme [6.4.2009]

10 *The European Higher Education Area – Achieving the Goals. Communiqué of the Conference of European Ministers Responsible for Higher Education* (2005, 20. Mai). Bergen. URL: http://www.bologna-bergen2005.no/Docs/00-Main_doc/050520_Bergen_Communique.pdf [6.4.2009]

11 European Credit Transfer System

12 Leistungspunkte

13 Vgl. *Conclusions and Recommandations of the Seminar to the Prague Higher Education Summit* (2001, 17. Februar). Helsinki. URL: http://www.bmwf.gv.at/ fileadmin/user_upload/europa/bologna/seminar_bachelor_degrees.pdf [6.4.2009]. S. 2

14 Vgl. Wikipedia: *Bologna-Prozess.* URL: http://de.wikipedia.org/wiki/Bologna-Prozess#Zyklen [6.4.2009]

Bislang konnte über die Semesterwochenstunden hinaus nicht berücksichtigt werden, wie viel Lern-, Vor- und Nachbereitungsaufwand durchschnittlich mit einer Veranstaltung verbunden ist. Dies wird durch das ECTS nun möglich. Wird beispielsweise eine sehr arbeitsintensive Lehrveranstaltung innerhalb eines Moduls besucht, das sehr viel Textlektüre, Prüfungsvorbereitung und Hausarbeiten erfordert, so wird die aufzuwendende Arbeitslast nicht ausreichend durch die Präsenzzeit an der Universität oder Fachhochschule dokumentiert. Die angegebenen Leistungspunkte sollen die Summe des Aufwandes für die einzelnen Modulteile widerspiegeln. Folglich ist es möglich, dass Veranstaltungen mit gleicher Präsenzzeit unter Umständen unterschiedlich viele Leistungspunkte zugewiesen sind. Mit diesem Verfahren soll die Anrechnung von im In- und Ausland erbrachten Studienleistungen wesentlich erleichtert werden. Werden die Leistungspunkte nach dem ECTS vergeben, dann ist es der Regelfall, dass bei einem Nichtbestehen des Moduls für die Teilleistungen keine Leistungspunkte angerechnet werden[15]. Ist das Abfassen einer Bachelorarbeit im Studienplan vorgesehen, so wird auch dieser Arbeitsaufwand mit Leistungspunkten angegeben.

1.2 Ziel und Zweck der Bachelorarbeit

Die Bachelorarbeit dient vorrangig dem Nachweis Ihrer ausbildungsspezifischen Kompetenzen. Sie sollen Ihre Fähigkeit, eine beruflich relevante Fragestellung eigenständig und nach wissenschaftlichen Kriterien zu bearbeiten, dokumentieren. In der Bachelorarbeit müssen daher wissenschaftliche Erkenntnisse im Kontext eigener Fragestellungen (Forschungsfragen) verarbeitet werden. Unter Berücksichtigung der formalen Anforderungen sind die Ergebnisse in Bezug auf Ihre eigene berufliche Ausbildung kritisch zu reflektieren.

Bei geisteswissenschaftlich angelegten Arbeiten (sog. Literaturarbeiten) sollen Theorieansätze und Argumentationen in Auseinandersetzung mit der eigenen Fragestellung nachvollzogen, verglichen und kritisch reflektiert werden. Empirisch angelegte Arbeiten können (1) als eigene, neue Studie, (2) als Sekundäranalyse bereits vorliegender Daten oder (3) als Replikationsstudie angelegt werden.

Gleichzeitig sollen Sie den Nachweis der elementaren Kenntnisse wissenschaftlicher Methoden liefern. Insbesondere geht es in der Bachelorarbeit um das Bearbeiten von Entdeckungs-, Begründungs-, Erklärungs- und Verwertungszusammenhängen sowie um Methoden der Textverdichtung (Analysieren, Systematisieren, Paraphrasieren, Interpretieren). Dazu ist von Ihnen unter Rücksprache mit den betreuenden Lehrenden selbstständig ein Themengebiet zu wählen und in einem befristeten Zeitraum die Problemlösung zu bearbeiten. Ihre Bache-

15 Vgl. WIKIPEDIA: *European Credit Transfer System*. URL: http://de.wikipedia.org/ wiki/European_Credit_Transfer_System#European_Credit_Transfer_System [6.4.2009]

lorarbeit müssen Sie u.U. im Rahmen einer Defensio präsentieren und verteidigen. Sie bildet somit den Abschluss Ihres Bachelorstudiums.

Das Arbeiten im Rahmen Ihrer Bachelorarbeit bedeutet vor allem auch, verantwortlich zu arbeiten. Dazu zählen insbesondere Arbeitshaltung, Ehrlichkeit, Objektivität, klare Begriffsverwendung, Vollständigkeit, Übersichtlichkeit und intersubjektive Überprüfbarkeit[16]. Darüber hinaus sollte die Bachelorarbeit das Ziel verfolgen, Kreativität zu fördern und den Lerngewinn zu erhöhen, weil sie u. a. über das Maß des deklarativen (klassifikatorischen, taxativen) Wissens hinausgeht.

1.3 Die Vorgabe „wissenschaftlich"

Die Vorgabe „wissenschaftlich" oder – wie in manchen Hochschulgesetzen oder Studienordnungen explizit ausgewiesen – „wissenschaftlich-berufsfeldbezogen"[17] impliziert im Zusammenhang mit einer akademischen Ausbildung, dass Sie als Verfasserin bzw. Verfasser der Bachelorarbeit fachspezifische Fragestellungen aufgreifen und in das Zentrum Ihrer Überlegungen stellen bzw. von diesen ausgehen. Das Thema Ihrer Bachelorarbeit muss daher in einem relevanten Bezug zur Theorie und/oder Praxis (Berufsfeld) Ihres Faches stehen, unmissverständlich formuliert sein und ist darüber hinaus so zu wählen, dass für Sie die Bearbeitung innerhalb des letzten Studienjahres im Bachelorstudium in der vorgesehenen Bearbeitungsdauer möglich und zumutbar ist.

Die Problemlösung muss wissenschaftlichen Kriterien genügen. Die Qualität Ihrer wissenschaftlichen Arbeit wird an inhaltlichen und formalen Kriterien gemessen. Zu den inhaltlichen Kriterien können gezählt werden:

(01)	Die Fragestellung der Bachelorarbeit muss klar erkennbar sein.
(02)	Der aktuelle Stand der Forschung ist in einem angemessenen Maß darzustellen sowie nachvollziehbar und verständlich zu diskutieren.
(03)	Literaturquellen und eigene Gedanken sind zu einem sinn- und sachlogischen Ganzen zu verarbeiten.
(04)	Die Bachelorarbeit muss eine logische Gliederung und eine nachvollziehbare Struktur aufweisen.
(05)	Der systematische Aufbau und eine stringente, widerspruchsfreie Argumentation sind eindeutig und klar verständlich darzustellen (roter Faden).
(06)	Die einzelnen Kapitel sind auf die Forschungsfrage abzustimmen.[18]

Tab. 1: Inhaltliche Kriterien wissenschaftlicher Arbeiten

16 Intersubjektive Überprüfbarkeit bedeutet: durch andere Personen nachvollziehbar und überprüfbar.
17 Siehe bspw. österreichisches Hochschulgesetz 2005, § 43. Prüfungsordnung
18 Vgl. Felbinger & Mikula 2005, S. 53

1.4 Beispiele standortspezifischer Vorgaben

Die jeweiligen Verordnungsgeber (z. B. Studienkommissionen, Fakultäts- oder Institutsleitungen etc.) an den einzelnen Universitäten und Fachhochschulen legen die näheren Bestimmungen zur Bachelorarbeit in den entsprechenden Regelwerken bzw. Verordnungen (z. B. Curricula, Studien- und Prüfungsordnungen etc.) fest. Folgende Gemeinsamkeiten lassen sich identifizieren:

(01)	Sie müssen das Thema Ihrer Bachelorarbeit in der Regel mit Lehrenden vereinbaren, die letztendlich auch die Beurteilung vornehmen.
(02)	Die Zitierregeln und Quellenangaben, die den Anforderungen wissenschaftlichen Arbeitens genügen müssen, sind von Ihnen zwingend einzuhalten.
(03)	Als Zeitraum für das Verfassen der Bachelorarbeit ist das letzte Studienjahr vorgesehen.
(04)	Die Bachelorarbeit haben Sie mit Hilfe eines geeigneten Textverarbeitungssystems abzufassen. Sie ist einerseits in fest gebundener Form im Format DIN A4, einseitig bedruckt und andererseits in digitaler Form abzugeben.
(05)	Fallweise ist die Bachelorarbeit im Rahmen eines Prüfungsgespräches (Defensio) zu verteidigen.
(06)	Der Bachelorarbeit ist ein Abstract in deutscher und englischer Sprache voranzustellen.

Tab. 2: Mindestvorgaben für Bachelorarbeiten

In Österreich ist an Universitäten das Abfassen von Bakkalaureatsarbeiten im Rahmen von Lehrveranstaltungen verpflichtend vorgesehen[19]. Die näheren Bestimmungen sind in den jeweiligen Curricula festgelegt. Auch das HOCHSCHULGESETZ 2005, in dem die österreichischen Pädagogischen Hochschulen geregelt werden, sieht im § 48 das Abfassen einer Bachelorarbeit vor, allerdings außerhalb von Lehrveranstaltungen. Die dazugehörende HOCHSCHUL-CURRICULAVERORDNUNG (HCV) schreibt im § 12 eine studienfachbereichsübergreifende Bearbeitung und eine Zuweisung von neun Leistungspunkten vor. In Deutschland und der Schweiz gibt es kein detailliertes Bundesgesetz für die Abfassung von wissenschaftlichen Arbeiten.

Bezüglich der Bachelorarbeiten recherchierten wir online an über 30 Universitäten und (Fach-) Hochschulen in Österreich, Deutschland und der Schweiz. Nicht an allen Institutionen standen Informationen zur Bachelorarbeit zur Verfügung. An manchen Institutionen wurden die Bestimmungen zum Zeitpunkt unserer Recherchen gerade ausgearbeitet[20]. Die recherchierten Rahmenvorgaben werden hier zusammenfassend referiert:

---

19 UNIVERSITÄTSGESETZ 2002, § 80 Bachelorarbeiten

20 Telefonische Auskünfte bzw. Auskünfte per E-Mail

1. Wie viele Bachelorarbeiten sind zu schreiben?

Nicht überall, jedoch an den meisten Universitäten und Hochschulen muss eine Bachelorarbeit geschrieben werden. Manche verlangen zwei Arbeiten, an einigen gibt es auch die Möglichkeit, wahlweise eine längere oder zwei kürzere Arbeiten zu verfassen, wobei manchmal der Zusatz zu finden ist, dass eine davon grundlagentheoretisch anzulegen ist und mit der anderen der Praxisbezug gegeben sein soll. Selten ist keine Bachelorarbeit vorgesehen. Am Institut für Soziologie an der Universität Graz sind beispielsweise drei Bachelorarbeiten zu je 4 Leistungspunkten und mit je 15–25 Seiten (4.000–7.000 Wörtern) lehrveranstaltungsgebunden zu verfassen[21].

2. Welchen Charakter muss die Bachelorarbeit haben?

Die Bestimmungen reichen von „Praxisbezogene Arbeiten sind möglich"[22] oder „Bachelorarbeiten sind in der Regel schriftliche Aufarbeitungen der Fachliteratur zu einem gewählten Thema im Sinne einer Darstellung des aktuellen Forschungsstandes"[23] über die Anmerkung, dass Bachelorarbeiten „nicht (...) eigenständige wissenschaftliche Arbeiten"[24] seien, bis hin zur eigenständigen wissenschaftlichen Arbeit, der eine Forschungsfrage zugrunde liegen muss. Mehrheitlich ist zu erkennen, dass Ziel und Zweck von Bachelorarbeiten die Beantwortung einer Forschungsfrage mit wissenschaftlichen Methoden sein soll. Durchgängig sind die in der Scientific Community üblichen formalen Standards beim Zitieren, bei der Quellenangabe etc. anzuwenden.

3. Wie viele Leistungspunkte umfasst eine Bachelorarbeit?

Die Anzahl der Leistungspunkte für eine Bachelorarbeit variiert zwischen den Universitäten und Hochschulen, aber auch innerhalb, zwischen den Teilorganisationen (Fakultäten, Instituten etc.), sehr stark. Der mittlere Wert bewegt sich um 10 Leistungspunkte. Extremwerte sind 4 und 20[25] Leistungspunkte, wobei dies von der Anzahl der zu schreibenden Bachelorarbeiten abhängig ist. Tendenziell vergibt die Schweiz die meisten Leistungspunkte, Österreich die wenigsten.

4. Was ist bezüglich des quantitativen Umfangs vorgeschrieben?

Zumeist wird die Seitenanzahl angegeben, zuweilen aber auch die Anzahl der Wörter oder der Zeichen. Ist nur eine Bachelorarbeit vorgeschrieben, variieren die Angaben von max. 25[26] bis max. 100[27] Seiten. Sind zwei Bachelorarbeiten vorgesehen, müssen diese zwischen 15 und 40 Seiten aufweisen. Beim ver-

21 Vgl. Karl Franzens Universität Graz 2007, S. 8
22 Universität St. Gallen 2009, S. 2
23 Universität Basel 2007, S. 1
24 E-Mail von der Universität Wien am 11.3.2009
25 Vgl. Universität Luzern 2003, § 30
26 Vgl. Universität Erfurt 2006, § 19
27 E-Mail von der Pädagogischen Hochschule Heidelberg am 30.3.2009

pflichtenden Verfassen von nur einer Bachelorarbeit können 50 bis 60 Seiten als mittlerer Wert angegeben werden.

5. Wie viele Quellen müssen verarbeitet werden?

Mit dem Hinweis auf Themenabhängigkeit wurden zumeist keine dezidierten Angaben zur Anzahl der zu verwendenden Quellen gemacht. Einmal wurde eine Vorgabe von mindestens zwei zu verarbeitenden Quellen[28] gefunden, an anderer Stelle ist im Zusammenhang mit einer Vertiefungsarbeit im Rahmen der Diplomarbeit (diese besteht aus der Vertiefungsarbeit und einem Portfolio) die Verarbeitung von mindestens acht Quellen vorgeschrieben[29].

6. Sind bestimmte wissenschaftliche Methoden vorgeschrieben?

In den wenigen Angaben werden keine bestimmten methodologischen Vorgangsweisen vorgeschrieben oder empfohlen. Zumeist kann aus den Angaben auf Literaturarbeiten geschlossen werden, fallweise wird auch auf die Möglichkeit eigener empirischer Studien explizit verwiesen.

7. Wie lange ist die Bearbeitungsdauer?

Die Zeit von der offiziellen Vergabe des Themas (Arbeitstitels) bis zur Abgabe der fertigen Bachelorarbeit variiert von fünf bis sechs Wochen[30] bis zu einem Jahr. Die meisten Universitäten und Hochschulen sehen eine Bearbeitungsdauer von sechs bis neun Monaten im letzten Studienjahr des Bachelorstudiums vor.

8. Ist die Bachelorarbeit in Lehrveranstaltungen zu verfassen?

In Österreich sind die Bachelorarbeiten an Universitäten gem. § 80 Universitätsgesetz 2002 an Lehrveranstaltungen gebunden. An den österreichischen Pädagogischen Hochschulen ist dies gem. § 48 Hochschulgesetz 2005 in Verbindung mit § 12 Hochschul-Curriculaverordnung nicht der Fall. In Deutschland und der Schweiz gibt es dazu keine bundesweiten Regelungen. Zumeist sind die Bachelorarbeiten an Lehrveranstaltungen gebunden.

9. Wer betreut und beurteilt Bachelorarbeiten?

Zumeist werden Bachelorarbeiten von einer Lehrperson betreut und auch beurteilt. Manche Institutionen sehen aber auch zwei Lehrpersonen vor. Im Falle, dass die Bachelorarbeiten an Lehrveranstaltungen gebunden sind, betreuen und beurteilen die Lehrenden dieser Lehrveranstaltungen die Arbeiten. Dort, wo eine Lehrveranstaltungsbindung nicht vorgesehen ist, können die Studierenden die

28 Vgl. Universität Basel 2007, S. 1

29 E-Mail von der Pädagogischen Hochschule Zürich am 2.3.2009

30 Vgl. Martin-Luther-Universität Halle-Wittenberg 2009, o.S.; Gottfried Wilhelm Leibniz Universität Hannover 2008, § 4

betreuenden und zugleich auch beurteilenden Lehrpersonen in Abhängigkeit von deren Verfügbarkeit frei wählen.

10. In welcher Fassung ist die Bachelorarbeit abzugeben?

Die Fassung, in der eine Bachelorarbeit eingereicht werden muss, differiert stark und reicht von einer gehefteten Version (z. B. Schnellhefter) über Klebebindung, Klammerbindung bis hin zur zweifachen Abgabe in Hartbindung mit Aufdruck am Rücken. In den meisten Fällen wird auch eine digitale Version, vorzugsweise als pdf-Datei, eingefordert.

11. Wird die Bachelorarbeit öffentlich zugänglich gemacht?

Hier sind die Bestimmungen sehr unterschiedlich. Fallweise ist die Veröffentlichung in Bibliotheken gesetzlich vorgeschrieben (z. B. österreichische Pädagogische Hochschulen[31]), fallweise schreiben institutionelle Regelungen die Veröffentlichung in den Universitäts- oder Institutsbibliotheken, im Intranet oder auch in den Bibliothekskatalogen vor. Unterschiedlich sind auch die Online-Zugänge geregelt: (a) die Bachelorarbeiten werden bibliographisch nicht erfasst, (b) es sind ausschließlich die bibliografischen Angaben recherchierbar, (c) Downloads der Zusammenfassungen bzw. Abstracts stehen bereit oder (d) die gesamte Arbeit kann als Volltext online eingesehen und heruntergeladen werden. In einigen Fällen ist explizit festgehalten, dass das Einverständnis der Studierenden zur Veröffentlichung eingeholt werden muss, in den meisten Fällen handelt es sich um eine studienrechtliche Verpflichtung zur Veröffentlichung.

12. Muss die Bachelorarbeit verteidigt werden?

Auch hier sind die Bestimmungen sehr unterschiedlich. Zumeist ist keine Defensio vorgesehen. An einigen Institutionen werden Präsentationen der Bachelorarbeiten verlangt, andere koppeln die lehrveranstaltungsgebundene Bachelorarbeit mit einer mündlichen Prüfung und andere wiederum verlangen explizit eine Defensio der Bachelorarbeit.

Wichtig: Studieren Sie die von Ihrer Universität oder Fachhochschule verordneten Richtlinien zum Verfassen der Bachelorarbeiten. Die dort angeführten Kriterien sind zwingend einzuhalten.

1.5 Zeitrahmen

Die Prüfungsordnungen der Universitäten und Fachhochschulen bzw. ihrer untergeordneten Organisationseinheiten (Fakultäten, Institute, Departments etc.) sehen unterschiedliche Leistungspunkte (Credit Points) für die Bachelorarbeit außerhalb ihrer Lehrveranstaltungen vor. Sie haben daher Ihre Bachelorarbeit als

31 Hochschulgesetz 2005, § 49 Veröffentlichungspflicht

„schriftliche Hausarbeit" eigenständig zu erstellen, haben ein Recht auf Betreuung durch eine oder fallweise auch zwei Lehrpersonen und dürfen sich Ihr Thema frei wählen. Wenn Ihnen Ihre Universität oder Fachhochschule zur Besorgung von Literatur und Arbeitsmaterial Lehrveranstaltungszeit zur Verfügung stellt, ist dies eine freie Entscheidung Ihrer Universität oder Fachhochschule bzw. Ihrer Lehrpersonen. Egal, welchen Zeitraum Sie sich letztendlich für die Vorbereitung Ihrer Bachelorarbeit nehmen, der Verordnungsgeber räumt Ihnen zum Verfassen im Wesentlichen einen begrenzten Zeitraum im letzten Studienjahr ein.

Wir empfehlen Ihnen daher, nach der Vorbereitungsphase (Themenfindung, Literaturüberblick, Formulierung der Forschungsfrage etc.) 20% der Zeit für die Erkundungsphase (Literaturrecherche und Literaturbeschaffung), 20% für die Strukturierungsphase (Literaturstudium, Konzeption und inhaltlicher Aufbau, bei empirisch angelegten Arbeiten Untersuchungsdesign und Auswerteplan) sowie 40% für die Schreibphase (Arbeiten mit der Literatur, Verfassen des Textes, bei empirisch angelegten Arbeiten Datenerhebung und -auswertung) und 20% für die Reflexionsphase zu berechnen. Unterschätzen Sie bei Ihrer Zeiteinteilung nicht die Literaturrecherche und das Literaturstudium sowie die Reflexionsphase. Das Korrekturlesen, Überdenken, Überarbeiten und eine eventuelle Umgestaltung Ihrer Bachelorarbeit sowie das Layoutieren der Endfassung nehmen erfahrungsgemäß einen beachtlichen Teil Ihrer zeitlichen Ressourcen in Anspruch. Rechnen Sie auch Probleme ein, die Sie beim Schreiben mit Ihrem Computer haben könnten.

Phase	**Tätigkeiten**	**%**	**Std.**
Vorbereitungsphase	Themenfindung, Literaturüberblick, Formulierung der Forschungsfrage	–	–
Erkundungsphase	Literaturrecherche, Literaturbeschaffung	20	50–60
Strukturierungsphase	Literaturstudium, Konzeption, inhaltlicher Aufbau, Untersuchungsdesign, Auswerteplan	20	50–60
Schreibphase	Arbeit mit der Literatur, Verfassen des Textes, Datenerhebung und -auswertung	40	100–120
Reflexionsphase	Überdenken, Überarbeiten, eventuelle Umgestaltung, Korrekturlesen, Layoutieren der Endfassung	20	50–60
		100	250–300

Tab. 3: Phasen zur Erstellung der Bachelorarbeit

In Tab. 3 sind die jeweiligen Phasen mit jenen Zeitangaben in Stunden versehen, wenn für die gesamte Erstellung Ihrer Bachelorarbeit 10 Leistungspunkte vergeben werden, was einer Bearbeitungsdauer von 250 bis 300 Stunden entspricht.

Das Pareto-Prinzip bringt die Zeitproblematik auf den Punkt: 80% der Gesamtarbeit werden in den ersten 20% der Zeit erledigt. Für die restlichen 20% der Arbeit benötigt man 80% der Gesamtarbeitszeit.

Wichtig: Halten Sie sich unbedingt an die Vorgaben zur Gestaltung der Bachelorarbeit, die von Ihrer Universität oder Fachhochschule verordnet wurden, und an die Vorgaben Ihrer betreuenden Lehrpersonen. Decken diese Vorgaben nicht alle formalen Bereiche ab, können Sie die Vorschläge dieses Buches übernehmen. Als oberster Grundsatz gilt: Der formale Aufbau bzw. das Layout der Bachelorarbeit muss durchlaufend gleich und konsistent sein. Es gibt nicht den „richtigen" formalen Aufbau, vielmehr gibt es mehrere Möglichkeiten von passenden Schemata. Eine Möglichkeit wird Ihnen in diesem Lehrbuch vorgestellt. Ob Ihre Lehrpersonen alle Vorgaben, die in diesem Buch beschrieben sind, ausschöpfen oder nicht bzw. abändern, liegt an ihnen. Für Sie ist wichtig, dass Sie die formalen und inhaltlichen Vorgaben für Ihre Bachelorarbeit im Vorhinein kennen. Von Vorteil erweist sich vor dem Herangehen an eine eigene Arbeit das Durchsehen einiger fertiger Arbeiten. Achtung: Übernehmen Sie aber keine darin enthaltenen Fehler.[32]

1.6 Beurteilung der Bachelorarbeit

Üblicherweise werden Bachelorarbeiten mit Noten beurteilt. Je nach rechtlichen Bestimmungen an der jeweiligen Institution ergibt sich die Note (a) ausschließlich aus der Beurteilung Ihrer Bachelorarbeit oder (b) aus einer Kombination der beurteilten Bachelorarbeit und der Defensio.

1.6.1 Schriftliches Gutachten

In den recherchierten Regelwerken zu Bachelorarbeiten lassen sich fast durchgängig folgende Beurteilungskriterien finden: (1) Die Arbeit muss eigenständig konzeptioniert, die Abfassung stringent gegliedert und an wissenschaftlichen Grundsätzen ausgerichtet sein. (2) Die wissenschaftliche Fragestellung der Arbeit ist klar und eindeutig formuliert. (3) Die Aufbereitung des Themas muss am aktuellen Entwicklungsstand der jeweiligen Disziplinen ausgerichtet sein. Das bedeutet eine vertiefte Auseinandersetzung mit nationaler, aber auch internationaler Fachliteratur sowie eine Bezugnahme auf entsprechende nationale, aber auch internationale Forschungsergebnisse. (4) Die Argumentation muss sprachlich klar, die Darstellung eigenständig sein. (5) Gefordert ist zumeist eine klare Ausweisung des Berufsfeldbezuges, was eine systematische, kontinuierliche Vernetzung von Theorie und Praxisreflexion bedeutet. (6) Bei empirischen Teilen einer Bachelorarbeit muss die Methodenwahl offen gelegt werden und die Datengenerierung sowie -verarbeitung den Standards empirischer Forschung entsprechen. (7) Der wissenschaftliche Apparat wie Zitierregeln, Quellenangaben, Literaturverzeichnis etc. muss den üblichen Mindeststandards entsprechen. (8) Besonders schwerwiegende und/oder gehäufte Mängel im Bereich der Textproduktion bzw. der Orthographie, sowie im Literaturbeleg schließen eine positive Beurteilung aus. Im Wesentlichen sind diese Kriterien beim Verfassen des schrift-

32 Vgl. Karmasin & Ribing 2007, S. 37 f.

lichen Gutachtens heranzuziehen. Die einzelnen Kriterien haben für die Beurteilung unterschiedliche Wertigkeit. Dies hängt u. a. auch von der Gewichtung durch die beurteilenden Lehrpersonen ab.

Wichtig: Beachten Sie die dort angeführten Beurteilungskriterien und richten Sie sich danach. Klären Sie jedenfalls die Beurteilungskriterien mit Ihren betreuenden und letztlich auch beurteilenden Lehrpersonen ab.

1.6.2 Defensio

Wenn an Ihrer Universität oder Fachhochschule eine Defensio (Verteidigung Ihrer Bachelorarbeit) vorgesehen ist, gibt sie Ihnen die Möglichkeit zu zeigen, dass Sie sich in den Fachbereichen innerhalb der wissenschaftlichen Disziplin, denen die Themenstellung zuzurechnen ist, einer wissenschaftlichen Diskussion stellen können und dabei zur speziellen Themenstellung Perspektiven darlegen und begründen können. Dabei sind Ihre Fähigkeiten zur klaren, wissenschaftlich fundierten Ausdrucksweise, zum Aufspüren von Querverbindungen zwischen den Fachbereichen, zu vernetztem Denken und zur Herstellung von Praxisbezügen wesentlich. Die Defensio soll möglichst anschaulich erfolgen, alle verwendeten Methoden und Medien haben aber im Dienst des oben angeführten Ziels zu stehen und nicht Selbstzweck zu werden. Ihre Präsentation umfasst im Wesentlichen (1) die Darlegung Ihres Erkenntnis leitenden Interesses, (2) die Explikation Ihrer Forschungsfrage(n) und (3) einen kurzen Abriss der Gesamtproblematik samt Ergebnissen und Interpretation bzw. Reflexion (Forschungsweg, wichtige Ergebnisse, Schlussfolgerungen). Auf der Basis dieser Darlegung, die in der Regel die halbe Prüfungszeit einnehmen wird, führen die Mitglieder der Kommission mit Ihnen das Fachgespräch.

Zusätzlich in die Beurteilung der Defensio fließen (1) Ihre Fähigkeit zur mündlichen Präsentation einer komplexen schriftlich abgehandelten Forschungsfrage und (2) Ihre Fähigkeit auf eventuell im Gutachten der Bachelorarbeit geäußerte Kritik einzugehen, indem Sie die Behebung der Mängel im Gespräch versuchen nachzuweisen, ein.

1.7 Allgemeine Empfehlungen

Wenn Sie Ihr Thema gefunden haben, sollten Sie sich vor dem Schreiben Ihrer Bachelorarbeit genau überlegen, welchem Problem Sie nachgehen möchten. Dazu ist die Ableitung bzw. Entwicklung einer zentralen Forschungsfrage eine absolute Notwendigkeit. Wie in jeder Forschungsarbeit auch, sollte diese der Bachelorarbeit generell vorangestellt werden, und nicht etwa umgekehrt – was

Sie vor einem blinden Dahinschreiben bewahrt. Überlegen Sie außerdem, was in den nachfolgenden Kapiteln behandelt werden muss, um eine Antwort auf Ihre zentrale Forschungsfrage (siehe Kap. 2.6 Formulierung der Forschungsfrage, Seite 48) zu erhalten. Dazu erweist es sich als günstig, Unterfragen zu entwickeln. Fragestellungen schützen die Bachelorarbeit vor unnötigem Ballast. Sie leiten die Vorgehensweise, geben den roten Faden vor und führen die Bachelorarbeit durch die Beantwortung der Fragestellungen zu ihrem Abschluss. Formulieren Sie diese jedoch möglichst valide[33], weil sonst deren nachfolgende Bearbeitung den Umfang Ihrer Bachelorarbeit sprengen würde.

Legen Sie auf Stil (Wortwahl, Ausdrucksweise) und Sprachregeln Wert und beachten Sie die Regeln der gültigen Rechtschreibung. Kennzeichnen Sie Zitate, Belege und Befunde, die Sie in Ihrer Bachelorarbeit zur Argumentation übernehmen, deutlich. Definieren Sie zentrale und unklare Begriffe[34]. Vermeiden Sie in Ihrer Bachelorarbeit ungerechtfertigte Redundanzen (Wiederholungen). Formulieren Sie Ihre Ergebnisse klar und deutlich. Nehmen Sie die Gliederung der Arbeit formal korrekt vor. Bringen Sie Eigenüberlegungen, eigene Meinungen und eigene Ideen in der adäquaten Form argumentativ begründet in die Arbeit ein (keine Ich-Formulierung).

Halten Sie den formalen Aufbau der Bachelorarbeit ein und platzieren Sie jeden Teil an der richtigen Stelle der Bachelorarbeit. Nehmen Sie die Darstellung von Tabellen und Abbildungen in der gesamten Bachelorarbeit einheitlich und gleich vor, beschriften Sie diese und nummerieren Sie diese durch. Unterschreiten Sie die vorgegebene Mindestlänge der Bachelorarbeit nicht, aber überschreiten Sie diese auch nicht wesentlich. Im einen Fall kann Ihnen fehlender Arbeitseinsatz mit allen damit verbundenen Untugenden vorgeworfen werden, im anderen Fall Unfähigkeit zur Konzentration auf das Wesentliche. Bleiben Sie stringent und um fachliche Richtigkeit bemüht.

Bei Fragestellungen, die eine empirische Vorgangsweise erfordern (qualitative, quantitative empirische Methoden, Aktionsforschung), bemühen Sie sich um eine saubere Deskription der Ausgangssituation des interessierenden Problemfeldes, begründen Sie die Wahl der angewandten Methode und interpretieren Sie die Ergebnisse im Hinblick auf Ihre Fragestellung(en) diskursiv und kritisch.

33 In diesem Zusammenhang bedeutet valide, dass die Fragestellung so klar und eindeutig (eng) formuliert ist, dass sie genau das – und nichts Anderes – an Beantwortung zulässt und einfordert, was sie zu fragen vorgibt.

34 Haben Sie sich für einen Terminus entschieden und diesen definiert, sollten im selben Zusammenhang nicht auch noch andere Termini mit der gleichen Bedeutung verwendet werden.

2 Zur Themenfindung und Forschungsfrage

Wenn an Ihrer Universität oder Fachhochschule die Möglichkeit besteht, eigene Themenvorschläge zu unterbreiten, sollten Sie als erstes Selektionskriterium Ihre eigenen Interessen verwenden. Dies setzt stärker und nachhaltiger Ihre Energien frei, die Sie zur maximalen Ausschöpfung der verfügbaren Bearbeitungszeit benötigen. Zusätzlich werden Sie motivierter sein, eine positive Einstellung haben und mehr Arbeitsfreude empfinden, als bei einer Thematik, die nicht anspricht, weil Sie diese als langweilig, spröde und trocken einstufen[35].

Legen Sie sich zeitgerecht eine Ideensammlung an und dokumentieren Sie Ihre Einfälle und Überlegungen darin. Diese Ideen können aus den unterschiedlichsten Kontexten stammen und zum Finden eines Themas anregen und beitragen. In Tab. 4 sind in Erweiterung der aufgezählten Möglichkeiten bei Karmasin und Ribing[36] solche Ideenkontexte angeführt.

(01)	Interessante Artikel aus der berufsspezifischen Fachliteratur und aus Fachzeitschriften
(02)	Beiträge aus Radio und TV
(03)	Informationen und Datenbanken aus dem Internet (Bildungsserver Österreichs, der Bundesrepublik Deutschland, der Schweiz, Homepages von SINUS, IGLU, LAU, QuaSUM, quassu, OECD, TIMSS, PISA, Akademien der Wissenschaften etc.)
(04)	Ideen aus Vorlesungen, Seminaren, Übungen
(05)	Persönliche Fragen, die zu einer Bachelorarbeit ausgestaltet werden können
(06)	Interessante Artikel aus den Tageszeitungen und Printmedien (Süddeutsche Zeitung, Neue Zürcher Zeitung, Presse, Standard, Profil, News, GEO, Focus, Format, Stern etc.)
(07)	Bibliotheken der Universitäten und Fachhochschulen, Landesbibliotheken, Bibliotheken der Landesschulräte, Buchhandlungen
(08)	Diskussionen in Lehrveranstaltungen, mit Kommilitonen, Lehrenden, Eltern, Freunden etc.
(09)	Bachelorarbeiten, Diplomarbeiten und Dissertationen sowie Forschungsarbeiten der Deutschen Forschungsgemeinschaft (DfG), der Österreichischen Gesellschaft für Forschung und Entwicklung im Bildungswesen (ÖFEB), des Schweizerischen Nationalfonds zur Förderung der wissenschaftlichen Forschung (SNF) etc.
(10)	Aktuelle Ereignisse wie z. B. Vorträge, Veranstaltungen, Messen
(11)	Fragestellungen und Beobachtungen, die sich vor allem aus der beruflichen Praxis (z. B. Ferialpraxis) ergeben

35 Vgl. Bänsch 2003, S. 33
36 2007, S. 19

(12)	Gesetzliche Grundlagen und Verordnungen, welche die Ausbildung und den Berufsvollzug von wissenschaftlichem Personal regeln
(13)	Beratungsgespräche mit Ihren Lehrenden
(14)	Themenbörsen der Hochschülerschaft
(15)	Exkursionen etc.

Tab. 4: Ideen, die zum Finden eines Themas anregen und beitragen können

Beherzigen Sie bei der Wahl Ihres Themas die vier Faustregeln von Umberto Eco[37]:
„1. Das Thema soll den Interessen des Kandidaten entsprechen (...);
2. Die Quellen, die herangezogen werden müssen, sollen für den Kandidaten auffindbar sein (...);
3. Der Kandidat soll mit den Quellen, die herangezogen werden müssen, umgehen können (...);
4. Die methodischen Ansprüche des Forschungsvorhabens müssen dem Erfahrungsbereich des Kandidaten entsprechen. (Text im Original hervorgehoben)"

In einer Fußnote fügt Eco[38] als fünfte Faustregel hinzu, dass der Professor der richtige sein sollte. Es gäbe nämlich Studenten, die aus Sympathie oder aus Bequemlichkeit bei Dozenten, die für das ausgewählte Thema nicht zuständig wären, eine Arbeit schreiben wollten. Davon sei abzuraten.

2.1 Empfehlungen für die Recherche von Quellen

Nachdem Sie Ihr Thema gefunden haben, sollten Sie ein System in Ihre Literaturrecherche und Datensammlung bringen. Sie können dazu auch kompetente Ratgeber befragen. In Tab. 5 haben wir für Sie eine ganze Reihe solcher kompetenter Ratgeber zusammengestellt.

(01)	**Ihre Lehrpersonen** Sie können Ihre Lehrpersonen selbstverständlich nach Literatur fragen. Andererseits soll Ihre Bachelorarbeit auch das Zeugnis einer selbstständigen (eigenständigen) Arbeit sein. Kombinieren Sie die Vorschläge Ihrer Lehrpersonen unbedingt mit eigenen Recherchen, die vielleicht auch für Ihre Lehrenden neue Information liefern können. Gehen Sie jedoch niemals unvorbereitet in das Gespräch mit Ihren Lehrenden.

37 2003, S. 14 f.
38 2003, S. 15

(02) **Experten aus dem fachlichen Berufsfeld**

Personen aus dem Fachbereich oder andere kompetente Persönlichkeiten können befragt werden. Bedenken Sie jedoch, dass die Hilfestellung „Fremder" wesentlich von Ihren Vorbereitungen abhängt. „Ich suche irgendwas zum Thema so und so, haben Sie nicht irgendwas für mich?" wird Ihnen wahrscheinlich ein freundliches Lächeln, aber sicher keine Ergebnisse liefern. Gespräche mit Experten lohnen sich erst, wenn Sie sich in Ihr Thema eingelesen haben und ganz genau wissen, was Sie wollen.

(03) **Institutionen und Organisationen**

Sie können sich auch bei Medien (u. U. gebührenpflichtig), Ministerien, Kammern, Interessensvertretungen (Personalvertretungen, Betriebsräte, Gewerkschaften), Vereinen etc. zu Ihrem Thema informieren. Zu vielen berufsspezifischen Themenbereichen besitzen diese Institutionen und Organisationen Literaturlisten, vielfach zudem eine fachspezifische Bibliothek, die Sie u. U. – nach Voranmeldung – aufsuchen können.

(04) **Informationsstellen in den Bibliotheken**

Eine wahre Fundgrube sind die Universitätsbibliotheken, Fachhochschulbibliotheken und die Nationalbibliotheken. Darüber hinaus verfügen diese Bibliotheken über Informationsstellen, die mit den Fragen suchender Studierender vertraut sind. Diese Bibliotheken sind auch via Internet zugänglich. Diplomarbeiten (Masterthesis) und Dissertationen unterliegen, wie alle anderen wissenschaftlichen Arbeiten auch, der Veröffentlichungspflicht[39] und sind daher ebenfalls via Internet als Vollanzeigen abrufbar (Name, Jahr der Einreichung und Thema mit einer Kurzbeschreibung).

(05) **Literaturverzeichnisse**

Die Literaturverzeichnisse von Diplomarbeiten, Dissertationen, Lehr- und Sachbüchern, aber auch Fachzeitschriften bieten wertvolle Hinweise zur gesuchten Literatur.

(06) **Bibliographien**

Bibliographien sind „Bücher über Bücher", enthalten vorhandene Literatur zu bestimmten Themenbereichen und geben einen raschen Überblick. Bibliographien sind heute durch sogenannte CD-ROM- bzw. in der Weiterentwicklung durch Online-Datenbanken ersetzt. Das heißt aber nicht, dass die „guten alten" Zettelkataloge (in Bibliotheken) wertlos sind, sie können besonders auf alte, wertvolle Werke Rückschlüsse geben.

(07) **Nachschlagwerke**

Nachschlagwerke (Lexika, Enzyklopädien) nennen zu bestimmten Stichworten häufig auch die Literatur.

---

39 Dissertationen befinden sich in Österreich in drei Bibliotheken: (1) in der jeweiligen Institutsbibliothek, (2) in der Universitätsbibliothek und (3) in der Österreichischen Nationalbibliothek. Damit haben auch Außenstehende Zugriff auf diese Arbeiten. Für Diplomarbeiten gilt seit dem Universitätsgesetz 2002 keine Pflicht zur Abgabe in der Nationalbibliothek mehr. Vgl. Österreichische Nationalbibliothek: Verzeichnis der österreichischen Hochschulschriften, Details. URL: http://www.onb.ac.at/kataloge/16000.htm [1.7.2009]

(08)	**Internet**	Unüberschaubar sind die Informationen im Internet. Zur ersten Orientierung sind gute Suchmaschinen empfehlenswert. Über Links können Sie sich in die Tiefe Ihrer Thematik hanteln. Die Problematik ist für viele Studierende jedoch, die Seriosität von Informationen aus dem Internet zu bewerten. Für eine Anfangsrecherche helfen Ihnen möglicherweise „Google", „Google-Scholar", „Wikipedia" oder „Werner Stangl's Arbeitsblätter". In weiterer Folge sollten Sie die Websites von Bibliotheken kontaktieren und dort in den elektronischen Katalogen recherchieren (siehe Punkt 2.4 Recherchieren in elektronischen Bibliothekskatalogen ab Seite 38).
(09)	**Gebrauchtliteratur von amazon.de und eBay**	Aktuelle Literatur zu sehr günstigen Preisen ist mitunter im Internetbuchladen amazon.de erhältlich. Ebenso lässt sich manches Schnäppchen auf eBay erwerben.

Tab. 5: Ratgeber für die Literaturrecherche

2.2 Wissenschaftliche Quellen

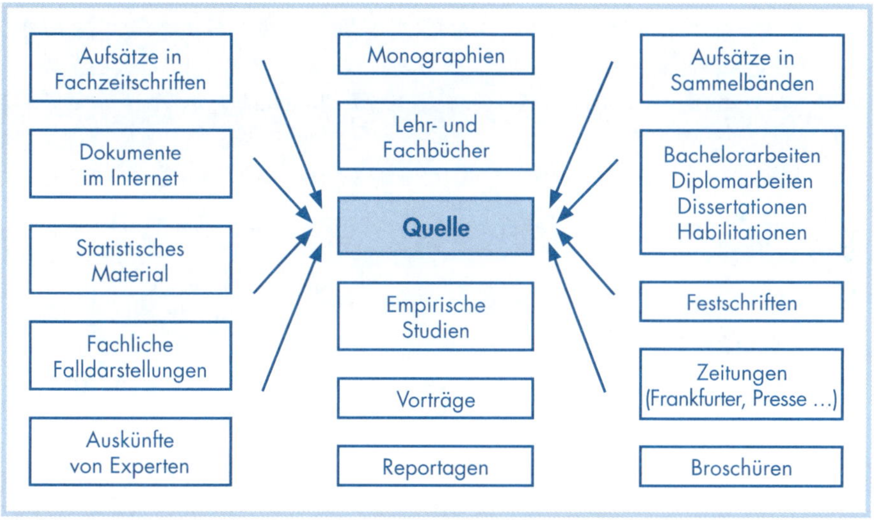

Abb. 1: Quellen, die wissenschaftliche Inhalte enthalten können[40]

Die Berücksichtigung und Verarbeitung von wissenschaftlichen Quellen bei der Erstellung Ihrer Bachelorarbeit stellt ein wesentliches Kriterium dar. Unbewiesene Behauptungen sind nicht Zeichen kritischen Denkens, sondern ungenauen Arbeitens. Es gibt viele Quellen, die wissenschaftliche Inhalte haben können (siehe Abb. 1).

40 Vgl. Karmasin & Ribing 2007, S. 69

2.3 Literaturrecherche im Zeitalter des Internet

Benützen Sie zum Einlesen in Ihr Thema zunächst einmal ältere (ruhig auch alte) Hand-, Lehr- und Fachbücher sowie Lexika (siehe Tab. 6). Erst danach sollten Sie, wenn Sie genau wissen, was Sie wollen und was Sie suchen, gezielt in Bibliotheken und dem Internet auf Literatursuche gehen. Ältere Hand-, Lehr- und Fachbücher bieten zudem den entscheidenden Vorteil, dass sie in der Regel auch in hochschuleigenen Bibliotheken lagernd sind und somit auch relativ rasch zum Einlesen zur Verfügung stehen. Im Hinblick auf effizientes Arbeiten kann Ihnen diese Vorgangsweise helfen, die Zeiten, in denen Sie auf eine neue (aktuelle) Literatur warten, sinnvoll zu überbrücken und gleichzeitig erste Informationen zu Ihrem Thema einzuholen.

(01)	ROST, Detlef R. (Hrsg.) (2006): *Handwörterbuch Pädagogische Psychologie* (3., überarbeitete und erweiterte Auflage). Weinheim: Beltz
(02)	BLÖMEKE, Sigrid u. a. (Hrsg.) (2009): *Handbuch Schule.* Bad Heilbrunn: Klinkhardt
(03)	PETERMANN, Franz, EID, Michael (Hrsg.) (2006): *Handbuch der Psychologischen Diagnostik.* Göttingen: Hogrefe
(04)	WEINERT, Franz E. (Hrsg.) (1997): *Psychologie des Unterrichts und der Schule.* Göttingen: Hogrefe
(05)	BLÖMEKE, Sigrid u. a. (Hrsg.) (2004): *Handbuch Lehrerbildung.* Bad Heilbrunn: Klinkhardt
(06)	WEINERT, Franz E., HELMKE, Andreas (Hrsg.) (1997): *Entwicklung im Grundschulalter.* Weinheim: Beltz
(07)	ROST, Detlef H. (2005): Interpretation und Bewertung pädagogisch-psychologischer Studien. Weinheim: Beltz
(08)	HAIDER, Günter, SCHREINER, Claudia (2006): Die PISA-Studie. Österreichs Schulsystem im internationalen Wettbewerb. Wien: Böhlau

Tab. 6: Hand- und Fachbücher für Erstrecherchen in der Disziplin Pädagogik

Gab es bis vor wenigen Jahren nur begrenzte technische Möglichkeiten, Literatur zu einem Thema zu recherchieren, so hat sich diese Situation heute völlig geändert. Die Recherchearbeit beschränkte sich ausschließlich auf die Literaturverzeichnisse von bekannten Büchern und gebundenen Bibliographien. Im Zeitalter des Internet gelangen Sie aber viel rascher, billiger und einfacher zu viel Information. In Online-Datenbanken finden Sie eine integrierte Ansammlung von Daten, die allen Benutzern eines Anwendungsbereiches als gemeinsame Basis aktueller Information dient. Für Bildungswissenschaften können exemplarisch ERIC (Educational Resources Information Center) und FIS (Fachinformationssystem Bildung) genannt werden. Dort finden Sie nicht nur Fachpublikationen, sondern zum Teil auch populärwissenschaftliche Texte[41].

In Zukunft ist damit zu rechnen, dass sämtliche akademische Zweckschriften wie Bachelor-, Diplomarbeiten, Masterthesis, Dissertationen etc. nicht nur mit ihrer Vollanzeige, sondern auch in ihrem Volltext via Internet abrufbar sein werden. Viele wissenschaftliche Vorträge, Aufsätze, Lexika sind heute schon in Online-Datenbanken gespeichert, einige davon sogar als Volltextdokument. Eignen Sie sich deshalb diese recherchetechnischen Möglichkeiten an und nützen Sie diese Dienste (zur Einführung in die Recherche im Internet siehe Abb. 2 bis Abb. 13 in diesem Kapitel). So können Sie via Internet von Ihrem Computer aus in der ganzen Welt recherchieren. Sie können auch für Sie interessante Volltextanzeigen – so sie im Internet zur Verfügung stehen – auf Ihren PC herunterladen und ausdrucken.

Mit Beginn des Jahres 1999 wurde in Österreich ein neues EDV-System an den österreichischen Universitätsbibliotheken eingeführt. ALEPH ist ein für Bibliotheken entwickeltes Betriebssystem und integriert sowohl den OPAC (Online Public Access Catalog) als auch die CCL (Common Command Language) zu einem Bibliotheks- und Datenbanksystem mit Volltextanzeigen. Allgemein gesprochen: ALEPH ist heute der elektronische Bibliothekenverbund, der alle größeren österreichischen wissenschaftlichen Bibliotheken vernetzt. Bibliothekenverbunde gibt es ebenso in Deutschland und der Schweiz. Die graphische Benutzeroberfläche der Bibliothekenverbunde bietet Hilfestellung bei der Online-Suche nach Literatur und Quellen. Sie können nach Autoren, Schlagworten etc. suchen und auch Bestände abfragen. Sie können je nach Organisationsstruktur verschiedene Kataloge (Literaturverzeichnisse), u. a. auch den Gesamtkatalog aufrufen. Der Gesamtkatalog des Österreichischen Bibliothekenverbundes listet beispielsweise 53.106 Werke zum Schlagwort Wissenschaft auf[42]. Die Universitätsbibliothek Wien allein verfügt über rund 7.405 Werke zum Schlagwort *Studium*.

Grundsätzlich ist es möglich, aus den Beständen öffentlicher Bibliotheken Bücher und Zeitschriftenbände zu entlehnen. Allerdings unterscheiden sich die Entlehnbedingungen der einzelnen Bibliotheken. Es gibt Präsenzbibliotheken, wo die Bände nicht entlehnbar sind, ebenso wie Entlehnbibliotheken, an denen Sie Bücher bis zu acht Wochen lang ausborgen können. Für genauere Auskünfte zu den entsprechenden Entlehnbedingungen konsultieren Sie bitte die Website der jeweiligen Bibliothek. Um Bücher zu entlehnen, ist auf jeden Fall ein Entlehnausweis bzw. eine Erstanmeldung erforderlich. Üblicherweise geschieht dies persönlich mit Ihrem Studierendenausweis bzw. Reisepass und Ihrem Meldenachweis. In manchen Bibliotheken ist auch eine Online-Anmeldung möglich. Mit Ihrer Anmeldung erhalten Sie den Zugangscode für die erweiterte Online-Recherche, für Literaturreservierungen und für Bestellungen.

41 Vgl. Bachmann 2005, S. 39

42 Datum der Recherche: 2. November 2010

Datenbanken können ebenfalls zur Literatursuche herangezogen werden. Sie dienen vor allem der Katalogisierung von Artikeln in Fachzeitschriften, von Konferenz- und Tagungsberichten. Viele der Datenbanken und Websites können Sie direkt und anonym von zu Hause aus nutzen, einige jedoch nur nach Login (Benutzername/ID-Code oder Passwort des Entlehnausweises) bzw. innerhalb des Netzwerkes der jeweiligen Bibliothek bzw. Universität. Darüber hinaus funktionieren manche Datenbanken nur, wenn Sie JavaScript aktiviert haben und Cookies akzeptieren. Sie sollten daher in Ihrem Browser beide Optionen eingeschaltet haben.

Zusätzlich können Sie über ALEPH auch Literatur per Fernleihe bestellen. Die Fernleihe beschafft Bücher aus Bibliotheken außerhalb Ihrer Bibliothek, die von Ihnen dann an Ihrer Bibliothek abgeholt werden können. Sie kann in Anspruch genommen werden, wenn die benötigte Literatur an Ihrer Bibliothek nicht vorhanden ist. Das Ausleihen ist grundsätzlich kostenpflichtig, zumeist werden nur die Portokosten verrechnet. Allerdings beschränkt sich der internationale Fernleiheverkehr derzeit auf Europa.

Fallweise wird auch die Möglichkeit angeboten, Werke zu bestellen und mit der Post an Ihre Wohnadresse liefern zu lassen. Sie müssen lediglich die Postgebühren für Hin- und Rücksendung übernehmen. Die Entlehnung auf diesem Weg unterliegt der jeweils geltenden Bibliotheksordnung der liefernden Bibliothek. Bei Unklarheiten zu Entlehnmöglichkeiten und Entlehnbedingungen informieren Sie sich am besten über die jeweiligen Websites der Bibliotheken oder rufen Sie bei konkreten Fragen bei der jeweiligen Bibliothek an.

2.4 Recherchieren in elektronischen Bibliothekskatalogen

Beginnen Sie Ihre Literatursuche in möglichst aktuellen Fachzeitschriften, danach suchen Sie in Monographien und Sammelwerken. Nützlich können auch Verlagsprospekte und Rezensionen sein. Exemplarisch und stellvertretend für sämtliche Recherchen in Bibliotheksverbunden zeigen wir Ihnen hier das Online-Recherchieren im Österreichischen Bibliotheksverbund. In anderen Bibliotheksverbunden ist die Suchsystematik vergleichbar. Empfehlenswert ist, sich erstmals in Bibliotheken persönlich zu informieren und sich das elektronische Recherchieren zeigen zu lassen. Die Bibliotheken sind dafür eingerichtet und betreiben oftmals eigene Informationsstellen. Auch die Online-Hilfen auf den Bibliotheksplattformen können einen Einstieg in das Recherchieren ermöglichen.

Steigen Sie mit Ihrem Internetprogramm (Browser) ins Internet ein und suchen Sie die Seite der Universitätsbibliothek Wien unter der Internetadresse (URL) http://www.ub.univie.ac.at auf (siehe Abb. 2). Mit einem Bestand von über 6,5 Millionen Büchern ist sie die größte Bibliothek Österreichs; gleichzeitig ist sie die älteste Universitätsbibliothek im deutschen Sprachraum[43]. Klicken Sie auf den Link *Literatursuche* (siehe Pfeil in Abb. 2).

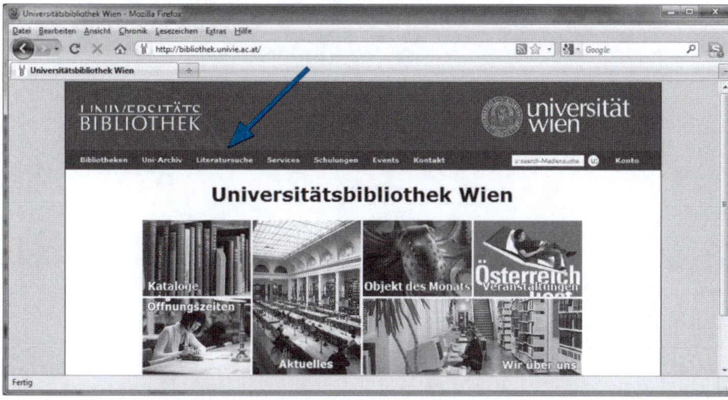

Abb. 2: Homepage der Universitätsbibliothek (UB) Wien

Wählen Sie *Bibliothekskataloge* (siehe Pfeil in Abb. 3).

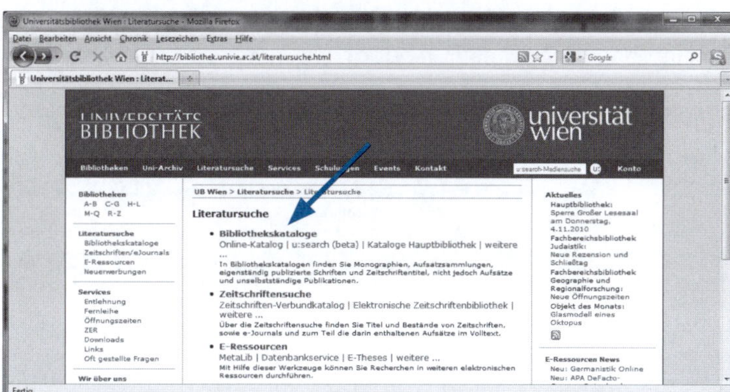

Abb. 3: UB Wien – Literaturrecherche

Wählen Sie *Österreichischer Bibliothekenverbund – Gesamtkatalog* (siehe Pfeil in Abb. 4).

43 Gründung im Jahr 1365

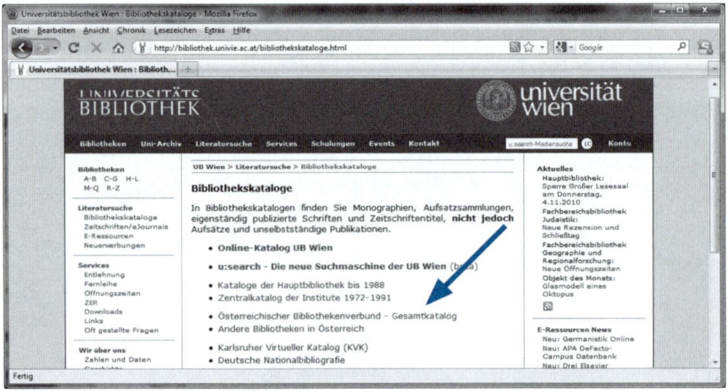

Abb. 4: UB Wien – Bibliothekskataloge

Wenn Sie im folgenden Suchfeld (Schnellsuche) den Begriff *wissenschaft* (Groß-/ Kleinschreibung ist nicht relevant) eintippen (siehe Pfeil in Abb. 5) und mit Enter abschließen, erhalten Sie *53.106* Treffer-Ergebnisse[44], wobei die ersten 15 in alphabetischer Reihenfolge angezeigt werden (siehe Abb. 6). Die Anzahl der angezeigten Treffer pro Seite können Sie über *Optionen* (siehe strichlierter Pfeil in Abb. 5) einstellen. Mit der Schaltfläche *Weiter* (→) können Sie die nächsten 15 Treffer einsehen (siehe Pfeil in Abb. 6).

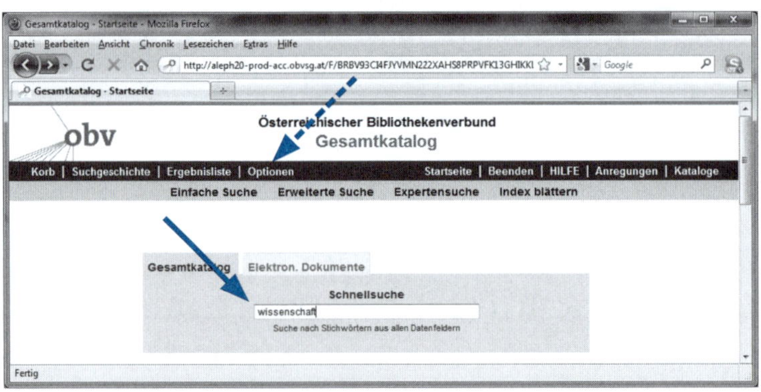

Abb. 5: Suchfeld – Schnellsuche im Gesamtkatalog

44 Datum der Recherchen: 2. November 2010

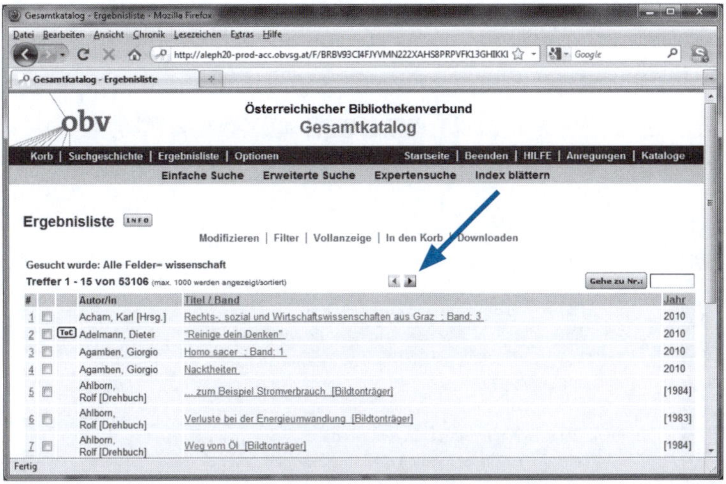

Abb. 6: Ergebnisse zum Schlagwort *wissenschaft* im Gesamtkatalog

Bei den Recherchen sollten Sie die Anzahl der Treffer durch weitere Schlagworte (Kombination von Schlagworten) so eingrenzen, dass Sie nicht mehr als 15 bis 20 Treffer erhalten. Jede größere Anzahl werden Sie nur schwer bewältigen, weil das Durcharbeiten unübersichtlich wird. Grenzen Sie die Anzahl der Treffer durch die Kombination der Schlagworte *wissenschaft präsentieren* ein. Sie erhalten 7 Treffer (siehe Abb. 7).

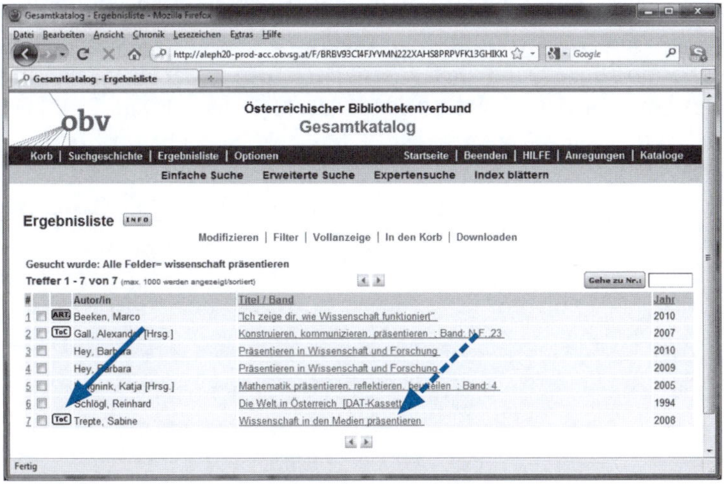

Abb. 7: Ergebnisse zu *wissenschaft präsentieren* im Gesamtkatalog

Die Nummer *7* zeigt den Titel *Wissenschaft in den Medien präsentieren* (von Sabine Trepte) auf. Von diesem Werk können Sie sich nun das Inhaltsverzeichnis anzeigen lassen (siehe Pfeil in Abb. *7*; siehe auch Abb. 8).

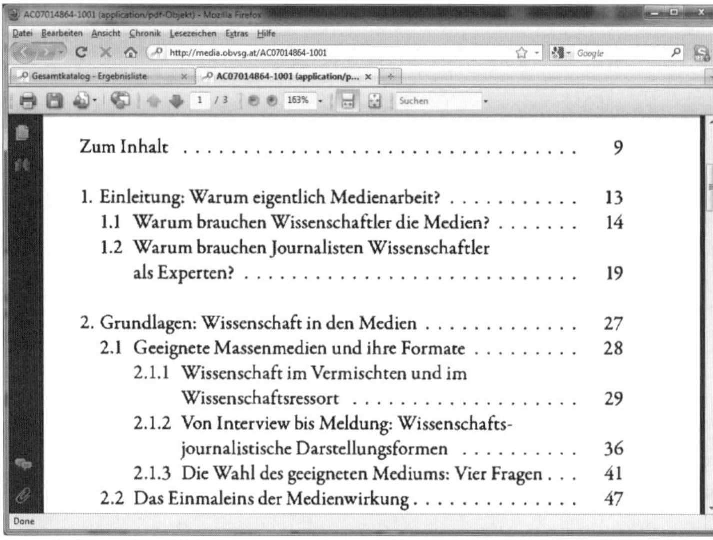

Zum Inhalt 9

1. Einleitung: Warum eigentlich Medienarbeit? 13
1.1 Warum brauchen Wissenschaftler die Medien? 14
1.2 Warum brauchen Journalisten Wissenschaftler als Experten? 19

2. Grundlagen: Wissenschaft in den Medien 27
2.1 Geeignete Massenmedien und ihre Formate 28
2.1.1 Wissenschaft im Vermischten und im Wissenschaftsressort 29
2.1.2 Von Interview bis Meldung: Wissenschafts-journalistische Darstellungsformen 36
2.1.3 Die Wahl des geeigneten Mediums: Vier Fragen . . . 41
2.2 Das Einmaleins der Medienwirkung 47

Abb. 8: Inhaltsverzeichnis eines recherchierten Werkes

Dieses Werk (Nr. *7*) kann jetzt durch Anklicken als Vollanzeige mit einer Kurzbeschreibung aufgerufen werden (siehe strichlierter Pfeil in Abb. *7*). Die Vollanzeige kann über die rechte Maustaste ausgedruckt werden. Sie können der Anzeige unter *Bestand* entnehmen, dass dieses Buch u. a. in der Universitätsbibliothek Klagenfurt katalogisiert ist. Ein Klick auf *UB Klagenfurt* (siehe Pfeil in Abb. 9) bringt Sie zum Online-Katalog dieser Bibliothek. Sie sehen, dass dieses Buch prinzipiell entlehnt werden kann (im Gegensatz zu Büchern, die ausschließlich im Lesesaal aufgestellt sind), jedoch erst ab dem 27.12.2010 zur Verfügung steht (siehe Pfeil in Abb. 10).

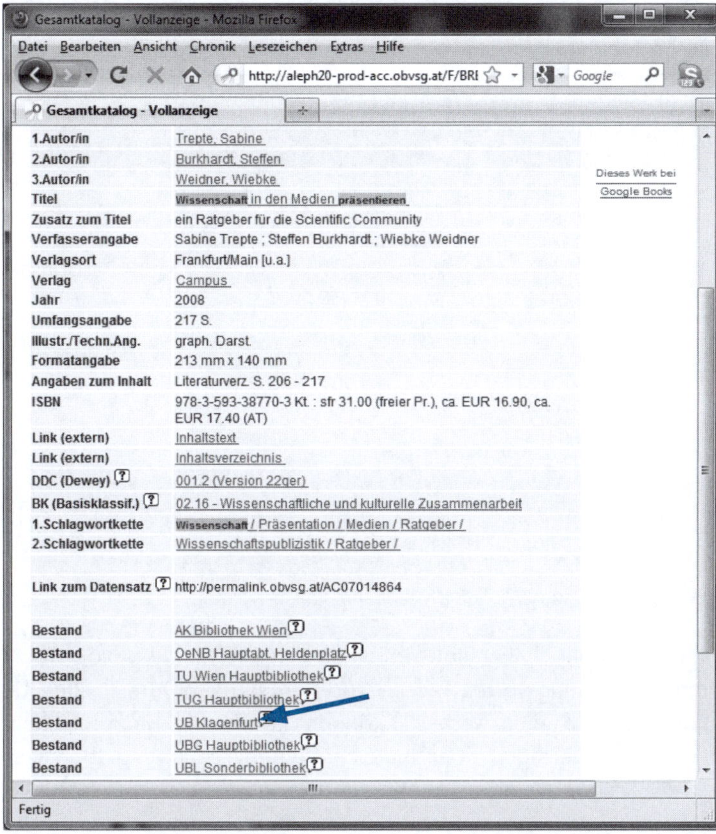

Abb. 9: Vollanzeige eines Suchtreffers

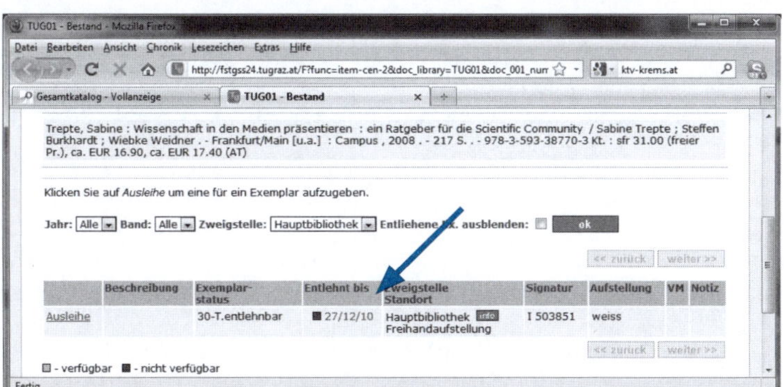

Abb. 10: Bestandsangaben zu einem bestimmten Werk

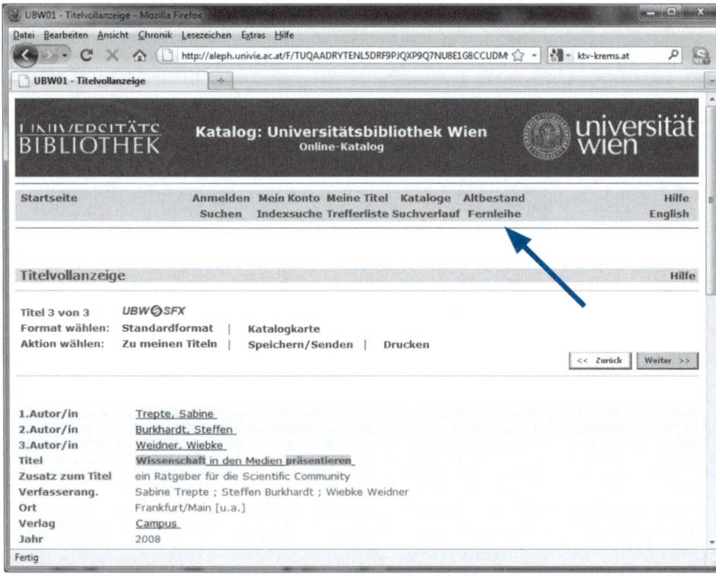

Abb. 11: Ergebnisse zu *wissenschaft präsentieren* im Uni-Katalog

Im Online-Katalog der Universitätsbibliothek Wien (*Online-Katalog UB Wien*) erhält man zu den Schlagworten *wissenschaft präsentieren* drei Treffer. Über den Link Fernleihe (siehe Pfeil in Abb. 11) können Sie sich das Buch schicken lassen, vorausgesetzt, Sie verfügen über eine Fernleiheberechtigung (Benutzername/ID-Code und Passwort, siehe Abb. 12).

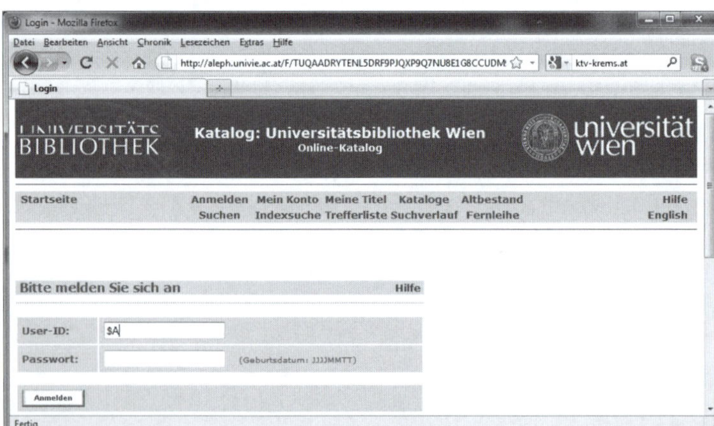

Abb. 12: Fernleihe über Online-Katalog der UB Wien

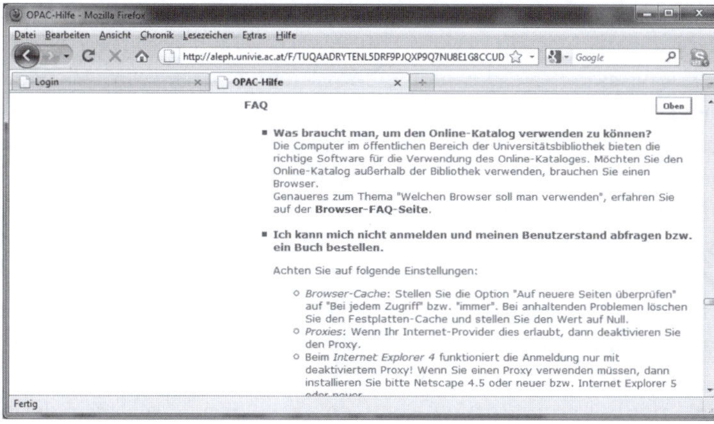

Abb. 13: Hilfe zum Online-Katalog

Wie Sie zu einer Entlehnberechtigung (Entlehnausweis) kommen, erfahren Sie am besten, wenn Sie an der jeweiligen Bibliothek anrufen und sich informieren. Grundsätzlich kann man an jeder öffentlichen Bibliothek Literatur entlehnen (auch über Fernleihe). Zumeist muss man sich das erste Mal persönlich mit Lichtbildausweis und Meldezettel anmelden. Sie erhalten einen Benutzernamen/ID-Code und ein Passwort und können nun auch authentifizierungspflichtige Datenbanken von den Computern in den Lesesälen aus nutzen. Viele Unklarheiten lassen sich mit dem Link *Hilfe* und/oder *FAQ* (Frequently Asked Questions, häufig gestellte Fragen) beseitigen (siehe Abb. 13).

2.5 Themenfindung und Arbeitstitel

Viele Bachelorarbeiten (und auch andere wissenschaftliche Arbeiten) drohen zu scheitern, weil das Thema viel zu allgemein (und dadurch auch zu hoch im Anspruch) gehalten ist. Bachelorarbeiten zu Themen wie *„Der Klassizismus"* oder *„Der schülerzentrierte Unterricht"* oder gar *„Die Geschichte des Automobils"* werden kaum in einer annehmbaren Zeit zu bewältigen sein. Somit das Wichtigste gleich vorweg: Das Thema ist der vorläufige Arbeitstitel der Bachelorarbeit.

Die Bachelorarbeit sollte dem Anspruch, den sie durch den Arbeitstitel vorgibt, durch die nachfolgende Bearbeitung auch gerecht werden. Ist der Arbeitstitel zu allgemein gehalten, kann es leicht passieren, dass Anspruch und nachfolgende Bearbeitung nicht harmonisieren. Dazu ein Beispiel: Der Arbeitstitel (das Thema) einer geisteswissenschaftlich angelegten Bachelorarbeit einer Studierenden bzw. eines Studierenden an einer Pädagogischen Hochschule könnte in einer ersten Überlegung folgendermaßen lauten: *„Die Geschichte der Lehrerbildung* *in Österreich"*. Dieses Thema (der Arbeitstitel) wird (1) nicht in der vorgesehenen Zeit zu bewältigen sein und darüber hinaus (2) ein Vorhaben signalisieren, das die Studierende bzw. der Studierende nicht einlösen wird können. Dieser Arbeitstitel erhebt ja den (enormen) Anspruch, die Geschichte der Lehrerbildung (Aus-, Fort- und Weiterbildung) in Österreich vollständig darzustellen. Es ist leicht zu erkennen, dass der zu beschreibende Zeitraum (hier handelt es sich um mehrere Jahrhunderte) viel zu weit gefasst ist (vom Problem der Vollständigkeit der Darstellung ganz abgesehen). Ein solch umfangreicher Arbeitstitel wirkt nicht nur zu allgemein, sondern auch unglaubwürdig in seinem Anspruch.

Viel besser wäre es, den Arbeitstitel einzugrenzen. Erreicht werden kann dies, wenn die Vorsilben „Zu", „Zur" oder „Zum" dem Arbeitstitel der Bachelorarbeit vorangestellt werden. Dieser könnte viel glaubwürdiger lauten: *„Zur Geschichte der Lehrerbildung in Österreich"*. Eine andere Methode der Eingrenzung wäre auch mit der Hinzufügung des zu betrachtenden Zeitraumes zu erreichen und/oder durch eine Einengung auf die Pflichtschullehrerausbildung.

Dann würde der Arbeitstitel etwa so lauten: *„Die Geschichte der Pflichtschullehrerausbildung in Österreich zwischen 1945 und 1962"*. Untersucht man seinen Anspruch erneut, erweist sich auch dieser Arbeitstitel in seinem Vollständigkeitsanspruch immer noch als zu allgemein. Zielführender wäre es daher, ihn noch weiter einzugrenzen: *„Zur Geschichte der Pflichtschullehrerausbildung in Österreich zwischen 1945 und 1962"*.

Ergebnis: Der Arbeitstitel der Bachelorarbeit erhebt jetzt von seiner Formulierung her keinen Vollständigkeitsanspruch mehr. Er wirkt dadurch viel glaubwürdiger. Gleichzeitig ist das Thema eingegrenzt und für die Verfasserin bzw. den Verfasser in der vorgesehenen Zeit gut bearbeitbar. Solche (notwendigen) Eingrenzungen können Sie auch mit der Bezeichnung *„Aspekte ..."* vornehmen. Durch die Verbindung mit einem Untertitel kann die Eingrenzung des Arbeitstitels noch deutlicher dokumentiert werden (siehe dazu Abb. 14).

Pflichtschullehrerbildung in Österreich
Aspekte der Ausbildung zwischen 1945 und 1962

Abb. 14: Eingrenzung des Arbeitstitels mit Hilfe eines Untertitels (a)

Im Beispiel von Abb. 14 wurde der Vollständigkeitsanspruch gleich mehrmals eingegrenzt. Die Verfasserin bzw. der Verfasser muss jetzt lediglich ausgewählte Aspekte der Lehrerbildung zwischen 1945 und 1962 herausgreifen, die Teil der Ausbildung zu Pflichtschullehrerinnen und -lehrern sind. Eine ähnliche Möglichkeit der Eingrenzung eines Themas ergibt sich, wenn dem Arbeitstitel ein Untertitel mit der Einleitung „Am (am) Beispiel der (des) ..." beigefügt wird. Dann könnte der Arbeitstitel folgendermaßen lauten:

Die Hauptschullehrerbildung auf dem Weg ins 21. Jahrhundert
Am Beispiel der österreichischen Pädagogischen Akademien

Abb. 15: Eingrenzung des Arbeitstitels mit Hilfe eines Untertitels (b)

In Abb. 15 wurde das ausgesprochen umfangreiche Thema „Lehrerbildung" auf die Hauptschullehrerausbildung an den Pädagogischen Akademien fokussiert und auf den Zeitraum 1962 bis 2007 eingegrenzt, weil die Pädagogischen Akademien mit dem Schulgesetzwerk 1962 gegründet und 2007 von den Pädagogischen Hochschulen abgelöst wurden.

Die Eingrenzung der Themen in Abb. 14 und Abb. 15 mindert den Wert der Bachelorarbeit nicht, im Gegenteil, jeder Kenner der Materie weiß, dass die Bearbeitung der „Geschichte der Lehrerbildung in Österreich" ein beachtliches Vorhaben wäre, das mehrere Jahre der Bearbeitungszeit in Anspruch nehmen würde.

Die gleichen Forderungen gelten auch für Bachelorarbeiten, die im Arbeitstitel implizit auf die Durchführung einer eigenen empirischen Studie verweisen (siehe Abb. 16). Demnach müsste die Beantwortung der Fragestellung entweder in Form einer qualitativen oder einer quantitativen empirischen Untersuchung durchgeführt werden. Findet sich in der Bachelorarbeit dann aber keine (korrekt) durchgeführte empirische Untersuchung, harmonisieren Thema und nachfolgende Bearbeitung nicht.

Zum Klassenklima in der Hauptschule
Am Beispiel des Unterschiedes einer Problemklasse zu anderen Klassen

Abb. 16: Weitere Eingrenzung des Arbeitstitels

Mit dem Arbeitstitel (siehe Abb. 14) wissen Sie allerdings noch nicht, was Sie wirklich bearbeiten wollen, außer, dass Sie irgendwelche Aspekte der Pflichtschullehrerausbildung zwischen 1945 und 1962 herausgreifen möchten. Daher ist in weiterer Folge aus dem Arbeitstitel der Bachelorarbeit die Forschungsfrage zu entwickeln, weil nur ihre Beantwortung gleichsam als Ergebnis der Bachelorarbeit Ihnen einen Erkenntniszuwachs liefern kann.[45]

Mit anderen Worten: Das Ergebnis der Bachelorarbeit muss immer eine Antwort auf die der Bachelorarbeit vorangestellte(n) Forschungsfrage(n) liefern. Die nächste logische Überlegung wäre dann, wie Sie die Fragestellung beantwortet haben möchten (Methodenwahl). Im Grunde verhält sich dieser Vorgang also immer gleich: (1) Thema suchen, (2) Thema eingrenzen, (3) Fragestellung entwickeln und (4) Überlegungen hinsichtlich der Beantwortung (Methodenwahl) anstellen.

45 Zur Themenreflexion und Abgrenzung des Untersuchungsgegenstandes siehe Brink 2005, S. 44–49; Bohl 2006, S. 14–16; Rossig & Prätsch 2006, S. 41–49; Bünting, Bitterlich & Pospiech 2000, S. 51–54; Höge 2006, S. 60–70.

2.6 Formulierung der Forschungsfrage

Unternehmen Sie den Versuch, Ihre Bachelorarbeit in einer einzigen Frage zu formulieren. Sie werden dabei feststellen, dass damit Ziel und Zweck Ihrer Bachelorarbeit viel leichter definiert werden können. Das Formulieren[46] einer guten Forschungsfrage ist ein relativ aufwändiger, aber sehr notwendiger Prozess am Beginn der Erstellung[47] der Bachelorarbeit.

2.6.1 Kennzeichen einer guten Forschungsfrage

Bei der Formulierung der Forschungsfrage sollten Sie sich also genau überlegen, (1) wie der Arbeitstitel der Bachelorarbeit lautet, sich also die Ausgangslage vorstellen, (2) was Sie mit Ihrer Forschungsfrage beantwortet haben möchten und (3) welche Möglichkeiten der Beantwortung (Methoden) Sie beherrschen und dazu heranziehen können. Die gute Forschungsfrage zeichnet sich durch eine klare (valide[48]) Formulierung aus (siehe Tab. 7[49]).

(01)	Die Forschungsfrage unterscheidet sich von Themen ähnlicher, bereits geschriebener Arbeiten (sonst wäre die Bachelorarbeit bloß eine Abschreibübung, was nicht im Sinne des Zieles der Bachelorarbeit liegen kann, obendrein laufen Sie Gefahr, sich u.U. mit „fremden Federn" zu schmücken).
(02)	Die Forschungsfrage sollte als „W-Frage" formuliert werden (Was? Wie? Warum?).
(03)	Die Forschungsfrage ist erforschbar (d.h., sie ist im Rahmen der Bearbeitung mit den gegebenen und von Ihnen auch beherrschbaren Möglichkeiten/Methoden beantwortbar).

Tab. 7: Kennzeichen einer guten Forschungsfrage

Die Forschungsfrage wird wiederum in Unterfragen unterteilt. Die Unterfragen und Unterkapitel tragen gemeinsam dazu bei, die zentrale Forschungsfrage zu beantworten, und liefern Ihnen damit gleichzeitig Ansatzpunkte, welche Informationen Sie zur Beantwortung der verschiedenen Fragen recherchieren müssen (siehe Tab. 8[50]).

46 Das korrekte Formulieren der Fragestellung ist tatsächlich eine schwierige Angelegenheit und erfordert nicht nur einen angemessenen Aufwand in der Betreuung, sondern sollte auch im Laufe von Lehrveranstaltungen ausreichend geübt werden.

47 Vgl. Karmasin & Ribing 2007, S. 21

48 Die Fragestellung muss so klar und eindeutig (eng) formuliert sein, dass sie genau das – und nichts Anderes – an Beantwortung zulässt, was sie zu fragen vorgibt.

49 Vgl. Fürstler u.a. 2007, S. 63

50 Karmasin & Ribing 2007, S. 22

(01)	In Kapitel 2 ist „abc" zu beantworten.
(02)	In Kapitel 3 ist „def" zu beantworten.
(03)	In Kapitel 4 ist „xyz" zu beantworten.

Tab. 8: Vorgang der Beantwortung der Forschungsfrage

Bedenken Sie, dass die Formulierung der Forschungsfrage über den Stoffumfang entscheidet. Aufbau und Inhalt der Bachelorarbeit haben sich daher an der Forschungsfrage zu orientieren.

2.6.2 Kennzeichen einer schlechten Forschungsfrage

Die schlechte Forschungsfrage zeichnet sich durch unklare Formulierung aus (siehe Tab. 9[51]).

(01)	Die Forschungsfrage repräsentiert eine unrichtige Annahme.
(02)	Die Forschungsfrage ist in sich widersprüchlich.
(03)	Bei der Forschungsfrage handelt es sich um eine Scheinfrage (verkleidete Behauptung).
(04)	Die Forschungsfrage ist so unklar formuliert, dass es keine Antwort geben kann.
(05)	Die Forschungsfrage verwendet unsinnige Worte (Konzepte).
(06)	Bei der Forschungsfrage handelt es sich um eine beeinflussende, tendenziöse Frage.
(07)	Die Forschungsfrage ist nicht relevant, sie hat keinen Nutzen für die Berufspraxis bzw. kommt nicht aus dem Berufsfeld Ihrer Studienrichtung.
(08)	Die Forschungsfrage ist nicht erforschbar bzw. kann mit Studierenden zur Verfügung stehenden Methoden nicht beantwortet werden.
(09)	Die Forschungsfrage ist zu allgemein gehalten, zu hoch im Anspruch bzw. nicht genügend eingegrenzt.

Tab. 9: Kennzeichen einer schlechten Forschungsfrage

2.7 Grundtypen verschiedener Fragestellungen

Für Ihre Bachelorarbeit werden in der Regel Fragestellungen aus den Bereichen der Entdeckung, der Beschreibung, der Begründung und der Erklärung zur Anwendung kommen. Entdeckung, Beschreibung und Begründung können auch mit deskriptiven (qualitativen, beschreibenden) Methoden gut erfasst werden, weil die Anforderungen an ihre Definition wenig normiert sind.

51 Vgl. Fürstler u. a. 2007, S. 63

Erklärung (im Sinne einer Ursachen-Wirkungs-Forschung) und auch Evaluation (im Sinne der Überprüfung der Zielerreichung bestimmter gesetzter Maßnahmen und deren Bewertung) werden eher die Ausnahmen bei Bachelorarbeiten sein. Sie erfordern zu ihrer Beweisführung in aller Regel Hypothesen prüfende (standardisierte) Methoden, was wiederum ein recht umfangreiches Methodensortiment (qualitativ-empirisch und quantitativ-empirisch) erfordert, vor allem den Einsatz quantitativer Erhebungsmethoden. Diese wieder setzen eine klare Präzisierung voraus, die als Operationalisierung bezeichnet wird. Das bedeutet, dass alle in der Untersuchung zu erfassenden Variablen genau definiert werden müssen, damit sie mit Hilfe angemessener Datenerhebungsinstrumentarien gemessen werden können. Fragetypen zur Gestaltung (z. B. mit Methoden der Aktionsforschung) sowie zur Kritik und Bewertung setzen schon Erfahrung im wissenschaftlichen Arbeiten voraus und werden ebenfalls eher die Ausnahmen bei Bachelorarbeiten sein (siehe Tab. 10).

Das soll nun nicht heißen, dass Sie sich von solch einem anspruchsvollen Vorhaben abschrecken lassen sollen. Wenn (1) Sie an Ihrer Universität oder Fachhochschule die Möglichkeit haben, Ihre Forschungskompetenz durch entsprechende Lehrveranstaltungen zu entwickeln, (2) Sie bereit sind, sich entsprechendes Wissen durch zusätzliches Studium von Fachliteratur, im Besonderen auch durch methodologische Literatur, anzueignen bzw. es zu vertiefen und (3) Sie betreuende Lehrpersonen finden, die Sie fachlich und methodologisch unterstützen, dann wagen Sie sich an eine anspruchsvolle Forschungsfrage in Ihrer Bachelorarbeit heran. Ihre Motivation wird mit dem Anspruchsniveau steigen, Ihr Erfolg wird ein Gefühl von Zufriedenheit und Stolz auslösen.

In Tab. 10 haben wir einige Beispiele von Fragestellungen, die den unterschiedlichen Typen zuordenbar sind, aus den Bildungswissenschaften angeführt. Um auch Studierenden anderer wissenschaftlicher Disziplinen Beispiele anbieten zu können, würden wir uns über die Übermittlung solcher Fragen sehr freuen. Scheuen Sie sich nicht, uns per Mail exemplarische Vorschläge aus anderen Fachdisziplinen zukommen zu lassen. Somit könnten wir den Beispielkatalog erweitern.

Fragetyp	Leitfrage	Beispiele
Entdeckung/ Beschreibung	Was ist der Fall? Wie sieht die Realität aus?	Wie stellt sich derzeit die schulpraktische Ausbildung der Studierenden an der Pädagogischen Hochschule XY dar? Wie viele Kinder mit 10 Jahren können schwimmen und wie gut/schnell? Welche Erziehungsmethoden zum prosozialen Verhalten im Klassenverband wenden VolksschullehrerInnen in der 1. Schulstufe an? Wie und in welchen Kontexten setzen Lehrpersonen im Fach Mathematik in der 8. Schulstufe Schülerfragen ein?
Begründung/ Erklärung	Warum ist etwas so? Welche Ursachen ziehen welche Wirkungen nach sich?	Warum hat sich die schulpraktische Ausbildung beim Wechsel von den Pädagogischen Akademien zu Pädagogischen Hochschulen (nicht) verändert? Warum lernen leistungsschwache SchülerInnen in heterogenen Klassenverbänden mehr als in homogenen? Hat der Unterrichtsstil von KlassenlehrerInnen [= Ursache] einen Einfluss auf das Klassenklima [= Wirkung]?
Bewertung/ Evaluation/ Kritik	Wie ist ein bestimmter Zustand vor dem Hintergrund explizit genannter Kriterien zu bewerten?	Wie sind die Studienpläne der Pädagogischen Hochschule XY im Bereich der schulpraktischen Ausbildung in Hinblick auf Anforderungen der Pflichtschulpraxis im Bundesland XY zu bewerten? Wie ist der schülerzentrierte Unterricht im Fach Deutsch in Hinblick auf die Förderung formaler Leistungsdimensionen zu bewerten? Wie hat sich die Entwicklung eines Schulprofils durch die Lehrpersonen auf deren Arbeitszufriedenheit ausgewirkt?
Gestaltung	Wie soll etwas künftig sein? Welche Maßnahmen sind geeignet, um ein bestimmtes Ziel zu erreichen?	Wie kann die schulpraktische Ausbildung der Studierenden an der Pädagogischen Hochschule XY weiter entwickelt und gefördert werden? Wie kann die Entwicklung des Volksschulkindes in Richtung Problembewusstsein gegenüber Suchtmitteln bestmöglich gefördert werden? Wodurch kann die Gefahr von Burnout bei Lehrpersonen verkleinert werden?

Tab. 10: Grundtypen verschiedener Fragestellungen

2.8 Beantwortung der Forschungsfrage

Nicht der einzige, aber nach KARMASIN und RIBING[52] der Königsweg zur Beantwortung Ihrer Fragestellung ist eine zusätzliche Frage: Was und warum ist etwas so (und nicht anders)? Die Frage nach dem „Warum" wird am besten durch die Verbindung von Ursache und Wirkung in einem Modell bzw. einer Theorie beantwortet. Zusätzlich wird die Auswirkung, d. h. die Rückkoppelung auf die Ursache in Betracht gezogen. Mit dem nachfolgenden Beispiel (siehe Tab. 11) wollen wir zeigen, dass das Studium von Theorien und Modellen in der Literatur eine wesentliche Voraussetzung für die Erklärung von Phänomenen darstellt. Aufgrund vorhandener Theorien und Modelle ist es auch möglich, diese weiter zu entwickeln und begründet neue Theorien und Modelle zu entwerfen. Diese müssen jedenfalls an der Wirklichkeit überprüft werden. Das ist der Kern wissenschaftlichen Arbeitens. Solch ein Konzept wissenschaftlichen Arbeitens ist unabhängig von der methodologischen Vorgangsweise.

Wolf und Hase

Biologen beobachteten in Kanada die Zu- und Abnahme von Wolf- und Hasenpopulationen. Aus einer nicht-systemischen Sicht versuchten die Naturwissenschafter dieses Phänomen zu erklären. Sie vermuteten, dass die Schafzüchter die Wölfe jagten, weil diese ihre Schafe rissen. Für die schwindende Hasenpopulation hatten sie eine vergleichbare Erklärung: Die Bauern entschlossen sich zu einem Feldzug gegen die Hasen, die sich über Früchte und Gemüse in den Gärten hermachten. Zufriedenstellend waren diese Erklärungen jedoch nicht. Erst der Rückbezug auf eine Theorie (systemische Betrachtung von Vorgängen in der Natur) und Abwendung des Blickes vom Einzelnen auf das Ganze machte eine Erklärung der beiden Phänomene möglich. Bei genauer Beobachtung stellte sich heraus, dass die Wolf- und Hasenpopulationen gegengleich zu- und abnahmen. Drei Variablen (Körpergewicht der Wölfe, Laufgeschwindigkeit der Wölfe, Fanghäufigkeit der Wölfe) konnten als wesentlich identifiziert werden. Ist die Hasenpopulation hoch (großes Speiseangebot), nimmt das Körpergewicht der Wölfe zu. Dies verringert die Laufgeschwindigkeit der Wölfe und folglich die Fanghäufigkeit. Die Hasenpopulation kann am Ende eines solchen Zyklus wieder steigen.

Tab. 11: Beispiel einer systemtheoretisch basierten Erklärung

Welche Forschungsfrage Sie auch immer Ihrer Bachelorarbeit zugrunde legen, Sie sollten sie unter Beachtung der in der Scientific Community üblichen wissenschaftlichen Kriterien beantworten. Allgemein zeigt sich wissenschaftliches Arbeiten „in einer systematischen und methodisch kontrollierten Verbindung eigenständiger und kreativer Gedanken mit bereits vorliegenden wissenschaftlichen Befunden. Das Vorgehen ist sorgfältig, begriffsklärend und fach- bzw. disziplinbezogen."[53]

52 2007, S. 23
53 BOHL 2006, S. 13

Sie werden in Ihrer Bachelorarbeit ohne Zitate (d. h. Übernahme fremden Gedankengutes) nicht auskommen. Zitate sind nämlich ein Hinweis darauf, dass Sie sich mit der Ihrer Bachelorarbeit zugrunde liegenden Literatur auseinandergesetzt und zur Untermauerung Ihrer Argumentations-/Beleg-/Beweiskette herangezogen haben. Eco[54] unterscheidet zwei Arten von Zitaten. (1) Sie zitieren einen Text (Textpassage), mit dem Sie sich auseinandergesetzt haben, und den Sie interpretieren und analysieren, sowie (2) einen Text zur Unterstützung der eigenen Auslegung (nicht zu verwechseln mit direkten und indirekten Zitaten; mehr dazu im Kap. 5 „Zu den Quellen und zur Zitation" ab Seite 103).

Das Ausmaß Ihrer Zitate hängt vom Thema Ihrer Bachelorarbeit ab. Beispielsweise kann die kritische Auseinandersetzung mit einem Werk verlangen, dass umfangreiche Stellen aus diesem Werk auch wiedergegeben und analysiert werden[55]. Bedenken Sie jedoch, dass Zitate immer aus einem Zusammenhang genommen werden und in Ihren Text hineinpassen müssen, sei es zur Unterstützung, Absicherung oder Beweisführung Ihrer argumentativ vorgetragenen Aussagen.

2.9 Beispiele gelungener Arbeitstitel und Forschungsfragen

Ein Arbeitstitel lässt in der Regel die Entwicklung mehrerer Fragestellungen zu. Nachfolgend listen wir gute Beispiele von Arbeitstiteln und daraus entwickelten Fragestellungen aus dem Bereich der akademischen Lehrerinnen- und Lehrerbildung auf (siehe Tab. 12). Die Angabe des Kontextes soll eine leichtere Einordnung in größere Zusammenhänge ermöglichen.

Kontext	Arbeitstitel	Forschungsfragen
Evaluation eines Schulversuches	Empirische Überprüfung der sozialen Integration im offenen Unterricht	Wie entwickelt sich die Kommunikation zwischen Kindern mit besonderen Bedürfnissen und Kindern ohne besondere Bedürfnisse?
		Wie steht es um das Wohlbefinden der Kinder mit besonderen Bedürfnissen in Kooperationssituationen?
		Welche faktischen Handlungschancen haben Kinder mit besonderen Bedürfnissen in gemischten Lerngruppen?

54 2003, S. 196
55 Vgl. Eco 2003, S. 196–197

Sach-unterrichts-forschung	Zu hierarchischen Begriffsstrukturen im naturwissenschaft-lichen Lernbereich des Sachunterrichts	Hängt das Leseverständnis von Schülerinnen und Schülern mit verschiedenen Ebenen in den Bedeutungsnetzen in den Begriffsstrukturen zusammen?
	Zur historischen Entwicklung der Bildungsziele im Sachunterricht der Grundschule zwischen 1962 und 1989	An welchen Paradigmen orientieren sich die Bildungsziele des Sachunterrichts der Grund-schule von 1962 bis 1989?
Innovation im Fremd-sprachenun-terricht	Medien in der vier-ten Schulstufe	Kann durch Analyse von Interviewmaterial ein Unterschied bezüglich der Wahrnehmung von Lernprozessen nachgewiesen werden?
	Entwicklung geeig-neter Unterrichts-materialien für offene Unterrichts-formen	Wie müssen Lernmaterialien gestaltet sein, damit Schülerinnen und Schüler zu autono-mem Lernen in offenen Unterrichtssituationen geführt werden?
Lehr- und Lernprozesse im mathe-matisch-naturwissen-schaftlichen Unterricht	Neue Zugänge zur Schlussrechnung ab der 6. Schulstufe der Hauptschule	Kann durch nicht formalisierte und situierte Zu-gänge zur direkten und indirekten Proportiona-lität höhere Nachhaltigkeit erreicht werden?
Lernfelder	Projektunterricht – Mein Weg zum Schüler	Wie kann ich bei Schülerinnen und Schülern ein stärkeres Engagement und eine größere Identi-fikation mit dem Fach Englisch erreichen?

Tab. 12: Beispiele bildungswissenschaftlicher Arbeitstitel und Fragestellungen

In Tab. 13 sind beispielhaft Arbeitstitel und dazugehörende Forschungsfragen aus weiteren Wissenschaftsgebieten angeführt. Für weitere zugesandte Beispiele im Sinne einer exemplarischen Erweiterung wären wir dankbar.

	(Arbeits-) Titel	Forschungsfrage
Gesundheits- und Pflegewissenschaften	Zur Akzeptanz von Hüftprotektoren	Steigern Schulungsprogramme die Akzeptanz von externen Hüftprotektoren?
Ingenieurwissenschaften	Gerade Plattenbrücken aus Stahlbeton von 75° bis 90°	Nach welchem Regelwerk können Stahlbetonplattenbrücken nach den neuen ÖNORMEN berechnet und bemessen werden?
Naturwissenschaften	Zur Akzeptanz genmanipulierten Getreides in Österreich	Gibt es eine bildungsabhängige Einstellung zu genmanipuliertem Getreide?
Philologische Kulturwissenschaften	Typologisches zu Hexengestalten in der römischen Literatur	Was ist das Besondere an der literarischen Gestaltung von Lukans Erictho?
Philosophisch/ Historische Wissenschaften	Zum Problem der Verdinglichung in Kunst und Technik	Wie sieht ein angemessener Zugang zu den Dingen anhand der Schriften Heideggers und Benjamins aus?
Rechtswissenschaften	Zur Staatswerdung der Slowakei 1938/39	Welche Rolle spielte Wien in den Jahren 1938/39 im Prozess der Staatswerdung der Slowakei?
Sozialwissenschaften	Zum Informationsverhalten bei der Urlaubsreiseplanung	Welche Faktoren beeinflussen die Urlaubsreiseplanung?
Theologie	Zur Treue als antiquierte Tugend heute	Ist Treue lebbar?
Wirtschaftswissenschaften	Zum Enterprise Resource Planning System im Papiergroßhandel	Welche Anforderungen müssen bei der Einführung eines ERP-Systems im Papiergroßhandel erfüllt sein?

Tab. 13: Beispiele von Arbeitstiteln und Fragestellungen weiterer Wissenschaftsgebiete

3 Zur formalen Gestaltung der Bachelorarbeit

Vorgaben zum Umfang Ihrer Bachelorarbeit entnehmen Sie bitte den geltenden Richtlinien an Ihrer Universität oder Fachhochschule bzw. den untergeordneten Teilorganisationen (Fakultäten, Institute etc.). Nicht eingerechnet werden dabei üblicherweise Deckblatt, Vorwort, Inhalts-, Tabellen-, Abbildungs-, Abkürzungs- und Literaturverzeichnis sowie der Anhang. Erstellen Sie Ihre Bachelorarbeit wenn möglich mittels eines gängigen Textverarbeitungsprogramms. Mit Hilfe der Tab. 14 können Sie die unterschiedlichen Vorgaben zum quantitativen Umfang Ihrer Arbeit (Seiten, Wörter, Zeichen) entsprechend umrechnen. Die Spalte „Zeichen" enthält im Gegensatz zur Spalte „Buchstaben" auch die Leerzeichen. Im Textverarbeitungsprogramm Word können Sie sich die Statistiken Ihrer Arbeit anzeigen lassen mit *Datei/Eigenschaften/Statistik*.

Seiten	Absätze	Zeilen	Wörter	Buchstaben	Zeichen
–	–	1	10	50	60
1	7	34	340	2.200	2.500
20	180	500	4.800	31.000	36.000
30	270	750	7.200	46.500	54.000
50	450	1.250	12.000	77.500	90.000

Tab. 14: Umrechnungstabelle Seiten/Wörter/Zeichen

Ein Textverarbeitungsprogramm ermöglicht es, Fehler ohne großen Aufwand zu korrigieren, Textbausteine einzufügen sowie hin und her zu schieben und Ihrer Bachelorarbeit ein zeitgemäßes Layout zu verleihen. Generell sollte Ihre gesamte Bachelorarbeit (1) 1½-zeilig, (2) im Blocksatz, (3) mit der Schriftart Times New Roman oder Arial und (4) prinzipiell mit der Schriftgröße 12 pt geschrieben werden (Ausnahmen bilden beispielsweise das Deckblatt, Überschriften und Beschriftungen, längere direkte Zitate, Fußnoten, Texte in Tabellen). Beachten Sie ganz besonders die Schreib- und Gestaltungsregeln für die Textverarbeitung in der DIN 5008[56] bzw. in der ÖNORM A 1080[57].

Haben Sie Ihre Bachelorarbeit erstellt, sollten Sie die Arbeit gemäß den Vorgaben binden lassen (Klebebindung, Klammerbindung, Hartbindung). Die Anzahl der geforderten Exemplare geben Sie ab, ein Exemplar verbleibt bei Ihnen. Je nach Bestimmungen benötigen Sie dieses auch zur Vorbereitung auf

56 Käuflich zu erwerben unter http://www.din.de [7.4.2009]

57 Käuflich zu erwerben unter https://www.on-norm.at/ecom [7.4.2009]

Ihre Defensio. Das Hartbinden von Bachelorarbeiten übernimmt jedes größere Kopiergeschäft und kostet derzeit zwischen 5 und 20 Euro. Es versteht sich von selbst, dass die Kosten der Bindung grundsätzlich Sie als Verfasserin oder Verfasser der Bachelorarbeit zu tragen haben. In Anlehnung an die formale Gestaltung wissenschaftlicher Arbeitskriterien sollte Ihre Bachelorarbeit mindestens die in Abb. 17 angeführten Bausteine bezüglich Gestaltung und Aufbau enthalten.

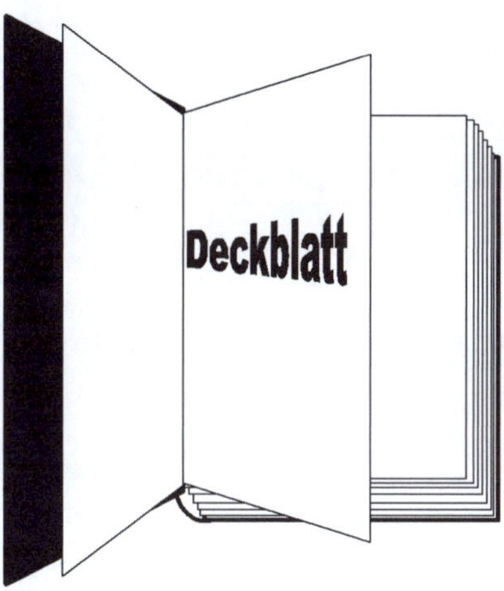

(01) Leeres Zwischenblatt

(02) Deckblatt

(03) Kurzzusammenfassung, die in Englisch zu übersetzen ist

(04) Vorwort (eventuell)

(05) Inhaltsverzeichnis

(06) Abbildungs- und/oder Tabellenverzeichnis (eventuell)

(07) Abkürzungsverzeichnis (eventuell)

(08) Problemdarstellung mit Formulierung der Forschungsfrage(n) und Zielvorgabe der Bachelorarbeit

(09) Darstellung der einzelnen Kapitel (Es besteht die Möglichkeit, jedes Kapitel mit einer Zusammenfassung zu beenden und erst dann mit einem neuen Kapitel zu beginnen.)

(10) Zusammenfassende Darstellung der gesamten Bachelorarbeit (mit abschließender Beantwortung und Reflexion der Forschungsfragen)

(11) Literaturverzeichnis

(12) Anhang (eventuell)

(13) Unterfertigte eidesstattliche Erklärung

(14) Lebenslauf der Verfasserin bzw. des Verfassers der Bachelorarbeit (eventuell)

(15) Leeres Zwischenblatt

Abb. 17: Formale Bausteine der gebundenen Bachelorarbeit

3.1 Deckblatt

Das Deckblatt, das erste Blatt der Bachelorarbeit, liefert der Leserin bzw. dem Leser einen ersten Eindruck von Ihrer Bachelorarbeit und sollte daher die in Tab. 15 angeführten Daten enthalten. Achten Sie dabei auf ein professionelles Layout. Richten Sie sich auf alle Fälle nach den Vorgaben Ihrer Universität oder Fachhochschule, sofern diesbezüglich welche verordnet wurden.

(01)	Angabe des Titels der Bachelorarbeit
(02)	Angabe des Untertitels
(03)	Bezeichnung „Bachelorarbeit"
(04)	Zuordnung zu den Studienfächern bzw. zur Lehrveranstaltung (eventuell)
(05)	Bezeichnung: „zur Erlangung des akademischen Grades Bachelor of XY"
(06)	Name der Universität bzw. Fachhochschule
(07)	Bezeichnung „Themensteller" bzw. „Beurteiler" (eventuell)
(08)	Titel, Vor- und Zuname der Themensteller (eventuell)
(09)	Bezeichnung: „vorgelegt von"
(10)	Angabe Ihres Vor- und Zunamens
(11)	Matrikelnummer (eventuell)
(12)	Angabe des Studienortes, des Monats und des Jahres der Abgabe der Bachelorarbeit

Tab. 15: Formale Gestaltung des Deckblattes

3.2 Kurzzusammenfassung

Die Kurzzusammenfassung, das zweite Blatt der Bachelorarbeit, informiert die Leserin bzw. den Leser Ihrer Bachelorarbeit mit einigen wenigen Worten über deren Inhalt, Anliegen und vor allem über die Ergebnisse. Schreiben Sie nicht nur, was Sie gemacht haben, sondern zu welchen Ergebnissen Sie gekommen sind, was nun der Wissenszuwachs ist, welche Erkenntnisse gewonnen wurden. In der Kurzzusammenfassung sollten Sie aber nicht ins Detail gehen. Sie sollte maximal eine halbe Seite umfassen. Übersetzen Sie diese außerdem auf der gleichen Seite in gut lesbares Englisch, was internationalen Gepflogenheiten entspricht, u. a. werden (wissenschaftliche) Arbeiten mittels einer englischen Kurzzusammenfassung (Abstract, Summary) in internationale Datenbanken übernommen. Eine erste Online-Übersetzungshilfe finden Sie beispielsweise in google oder unter http://www.promt.de/.

3.3 Vorwort

Das Vorwort, das kein verpflichtender Baustein ist, leitet Ihre Bachelorarbeit ein und spiegelt Ihren persönlichen Bezug zum gewählten Thema wider. Das Vorwort entspricht einem Kurzaufsatz und braucht in Ihrer Bachelorarbeit die Länge einer Seite nicht zu überschreiten. Es beinhaltet meist auch einen kurzen Dank an Personen und Stellen, die Sie beispielsweise durch (1) besondere Literaturhinweise, (2) wertvolle Anregungen, (3) Hilfe bei der Arbeit am PC, (4) das Korrekturlesen etc. besonders unterstützt haben. Möglich sind auch Hinweise, von wem die Anregung zum Thema ausgegangen ist. Eine Danksagung an die Betreuer der Bachelorarbeit sollte unterbleiben, da es sich in diesem Fall um eine professionelle Aufgabe handelt, die eine Selbstverständlichkeit darstellt und für die nicht gedankt werden muss[58]. Werden die Studienfächer am Titelblatt nicht angeführt, empfiehlt sich die Angabe im Vorwort. Das gleiche gilt für die namentliche Nennung der Themenstellerinnen bzw. Themensteller.

Der Schreibstil kann persönlich gehalten sein. Die „Ich-Form" sollte ausschließlich im Vorwort verwendet werden. Das Vorwort schließt mit der Ortsangabe (Studienort), dem Datum der Abgabe und dem Namen der Verfasserin bzw. des Verfassers.

3.4 Verzeichnisse

Zu den Verzeichnissen zählen das verpflichtend zu erstellende Inhaltsverzeichnis sowie ein Darstellungsverzeichnis oder Abbildungs- und Tabellenverzeichnis sowie das Abkürzungsverzeichnis.

Das Inhaltsverzeichnis entspricht dem Inhalt Ihrer Bachelorarbeit in Tabellenform und enthält ab dem Problemaufriss alle Überschriften (siehe Tab. 16). Die Kurzzusammenfassung, das Vorwort, die Verzeichnisse, die eidesstattliche Erklärung und der Lebenslauf scheinen im Inhaltsverzeichnis nicht auf, sondern werden nur am richtigen Platz in die Bachelorarbeit eingebunden. Das Inhaltsverzeichnis gibt einen ersten Überblick über die Systematik Ihrer Bachelorarbeit und verschafft der Leserin bzw. dem Leser einen ersten tieferen Eindruck. Seien Sie sich dessen bewusst, dass das Inhaltsverzeichnis die „Visitenkarte" Ihrer Bachelorarbeit ist. Das Inhaltsverzeichnis hat den logischen Aufbau der Bachelorarbeit widerzuspiegeln und muss eine erste größere Information über den Inhalt Ihrer Bachelorarbeit gestatten.

58 Vgl. Theisen 1993, S. 174; Eco 2003, S. 228

(01)	Problemstellung/Problemaufriss bzw. Einführung in die Problematik, erhält immer den Gliederungspunkt 1
(02)	Alle Überschriften der Kapitel
(03)	Alle Überschriften der Unterkapitel bzw. der tiefer liegenden Ebenen
(04)	Zusammenfassende Darstellung der Arbeit
(05)	Literaturverzeichnis
(06)	Anhang
(07)	Gegliederte Teile des Anhangs (eventuell)

Tab. 16: Bestandteile der Überschriften des Inhaltsverzeichnisses

Es sollte selbstverständlich sein, dass das Inhaltsverzeichnis dem tatsächlichen Stand der Überschriften Ihrer Bachelorarbeit entspricht. Zusätzlich werden am Ende der jeweiligen Zeile die entsprechenden Seitenangaben platziert. Es genügt, die Seitenangabe mittels der Ziffer darzustellen, die Bezeichnung „Seite" können Sie weglassen. Aus dem Inhaltsverzeichnis sollte so auch die Gliederungstiefe der Kapitel mit einem Blick hervorgehen. Tab. 17 zeigt ein Beispiel eines gut strukturierten Inhaltsverzeichnisses. Das Textverarbeitungsprogramm Word erstellt bei entsprechender Handhabung automatisch ein korrektes Inhaltsverzeichnis (siehe 4.4.2 Inhaltsverzeichnis automatisch erstellen, Seite 97).

Wenn Sie vermehrt grafische Darstellungen und/oder Tabellen in Ihrer Bachelorarbeit verwenden, so sollten auch diese in einem Verzeichnis zu finden sein. Ein Darstellungsverzeichnis umfasst (1) grafische Darstellungen (Abbildungen) sowie (2) Texte (alphanumerisch) in Tabellenform. Bei einer entsprechenden Anzahl an Abbildungen und Tabellen kann zu einer Trennung in ein Abbildungsverzeichnis und in ein Tabellenverzeichnis geraten werden. Auch diese können vom Textverarbeitungsprogramm Word automatisch erstellt werden.

1 **PROBLEMAUFRISS** 6

2 **ZUM LERNEN IN DER SCHULE** 8
2.1 Die kognitive Entwicklung des Kindes im Grundschulalter 8
2.1.1 Voroperatorisches Denken 8
2.1.2 Konkret-operatorisches Denken 9
2.2 Unterstützung von Lernprozessen – Wege von Reformpädagogen 10
2.2.1 Grundgedanken der Montessori-Pädagogik 10
2.2.2 Freinet-Pädagogik im Überblick 12
2.2.3 Begreifen heißt erfinden – Rebecca und Mauricio Wild 13
2.3 Die „Big Three" der Lerntheorien 15

2.3.1 Behaviorismus 15
2.3.2 Kognitivismus 16
2.3.3 Konstruktivismus 17
2.4 Der Lehrplan im Zusammenhang mit Lerntheorien 19
2.4.1 Lernen und Lehren in der Grundschule 20
2.4.2 Entscheidungsfreiräume, Methodenfreiheit und Methodengerechtheit 22
2.4.3 Allgemeine didaktische Grundsätze 23
2.5 Resümee 25

3 ZUM LERNEN IM MATHEMATIKUNTERRICHT 26
3.1 Aktuelle Positionen zum Lernen von Mathematik in der Volksschule 26
3.2 Lehrplananforderungen für den Mathematikunterricht 30
3.3 Lernumgebungen im Mathematikunterricht 33
3.4 Praktische Beispiele für Lernumgebungen 36
3.5 Resümee 40

4 DIE SCHÜLERBEFRAGUNG 41
4.1 Untersuchungsdesign 41
4.1.1 Fragebogen 42
4.1.2 Auswerteplan 44
4.2 Beschreibung der Stichprobe 45
4.2.1 Klassenverteilung 46
4.2.2 Geschlechterverteilung 47
4.3 Darstellung der Ergebnisse zu ausgewählten Fragen des Fragebogens 48
4.3.1 Gehen die Kinder gerne in die Schule? 48
4.3.2 Mögen die Kinder Mathematik? 50
4.4 Auswertung der Rechenbeispiele 51
4.5 Zusammenhänge zwischen ausgewählten Fragen 53
4.5.1 Hypothese 1 53
4.5.2 Hypothese 2 54
4.5.3 Hypothese 3 55
4.6 Mathematik-Umfrage, Besprechung und Verschriftlichung der Eindrücke 56
4.7 Gruppengespräch über den wahrgenommenen Schwierigkeitsgrad 57
4.8 Schriftliche Reflexion der Kinder über das Lösen der Rechenaufgaben 58
4.9 Persönliche Wahrnehmung zur Lernkultur in der untersuchten Klasse 59
4.10 Resümee 60

5 ZUSAMMENFASSUNG 61

6 LITERATURVERZEICHNIS 63

7 ANHANG 66
7.1 Fragebogen der Kinder 67
7.2 Fragebogen der Lehrpersonen 70

Tab. 17: Beispiel eines Inhaltsverzeichnisses

Ein Abkürzungsverzeichnis enthält alle in der Bachelorarbeit verwendeten Abkürzungen, die nicht allgemein üblich sind und daher auch nicht im Duden bzw. Österreichischen Wörterbuch stehen. Dazu zählen beispielsweise Abkürzungen von medizinischen, technischen etc. Fachausdrücken. Das Abkürzungsverzeichnis steht hinter Inhalts-, Abbildungs- und Tabellenverzeichnis auf einer eigenen Seite. Nach Möglichkeit sollten Sie jedoch auf Abkürzungen verzichten und die Bezeichnungen in Ihrem Text ausschreiben. Sie ersparen den Leserinnen und Lesern Ihrer Bachelorarbeit damit einiges an Sucharbeit.

3.5 Einführung in die Problemstellung

Die Einführung in die Problemstellung oder Einführung in die Problematik oder auch Problemaufriss (entspricht der Einleitung Ihrer Arbeit) stellt immer das Kapitel 1 dar. In diesem Kapitel sollten Sie das interessierende Problemfeld Ihrer Bachelorarbeit darstellen. Die Einführung in die Problemstellung umfasst nach KARMASIN und RIBING[59] zumindest drei wesentliche Aspekte (siehe Tab. 18).

(01)	Relevanz des Themas: Warum ist das Thema überhaupt wichtig?
(02)	Forschungsfrage(n): Welche Frage(n) will ich in der Bachelorarbeit überhaupt beantworten?
(03)	Vorgangsweise: Wie werde ich beim Beantworten der Forschungsfrage(n) vorgehen?

Tab. 18: Drei Aspekte der Einführung in die Problematik

Sie sollen einen Einblick gewähren, was beim Lesen der Arbeit erwartet werden kann. Die Einführung in die Problemstellung enthält (1) eine Begründung der Themenwahl, Ihre Motive und die Ausgangslage. (2) Der zentrale Teil der Einführung in die Problemstellung ist die Ihrer Bachelorarbeit zugrunde liegende, explizit formulierte Forschungsfrage. Stellen Sie Ihre Erkenntnis leitenden Interessen und die Ziele der Arbeit vor. (3) Ebenso sollten Sie den Weg der Zielerreichung, wie Sie die Beantwortung der Forschungsfrage vornehmen wollen, angeben. Dies entspricht der Offenlegung der verwendeten Methode des Vorgehens und skizziert somit den Aufbau Ihrer Bachelorarbeit. Die Einführung in die Problemstellung braucht zwei Seiten nicht zu überschreiten.

In logischer Konsequenz ist daher auch mit dem Kapitel Einführung in die Problemstellung zu beginnen. Keinesfalls kann mit dem Hauptteil der Bachelorarbeit begonnen werden, weil ja die Forschungsfrage(n) dann, wenn überhaupt, im Nachhinein eingefügt würde(n), was wissenschaftlichen Arbeitskriterien voll-

59 2007, S. 24

kommen widersprechen würde. Es versteht sich von selbst, dass die Endfassung in ihrer Reinschrift erst gegen Ende der Arbeit ausformuliert wird. Mit einer gut angelegten Einführung in die Problemstellung haben Sie zugleich auch immer ein gutes Korrektiv. Lesen Sie während des Arbeitens am Haupttext immer wieder Ihre Einführung in die Problemstellung durch und vergleichen Sie, ob Sie noch auf dem geplanten Weg sind. Wenn nicht, haben Sie zwei Möglichkeiten: (1) Sie ändern den Haupttext, um ihn wieder an Ihren ursprünglichen Plan anzugleichen oder (2) Sie korrigieren Ihre Einführung in die Problemstellung. Letztere Möglichkeit ist unbedingt mit Ihren betreuenden Lehrpersonen abzuklären, weil sich damit zwangsläufig Forschungsfrage(n) und/oder Methode(n) ändern.

3.6 Hauptteil – nachfolgende Kapitel

Der Hauptteil der Bachelorarbeit ist der Beantwortung der Forschungsfrage(n) zu widmen, wobei er in der Regel mehrere Kapitel umfasst. Hierbei muss der „rote Faden" erkennbar sein. Jedes Kapitel wiederum wird sinnvollerweise in Unterkapitel unterteilt. Jedes Kapitel sollte mit einem kurzen Aufriss beginnen. Der Leserschaft wird darin mitgeteilt, was sie in diesem Kapitel erwartet und warum dieses Kapitel verfasst wird. Expliziert werden muss, welchen Beitrag dieser Teil der Bachelorarbeit bei der Beantwortung der zentralen Forschungsfrage leisten soll. Dieser Aufriss steht gleich nach der Kapitelüberschrift und hat keine eigene Überschrift. Wenn Sie Schwierigkeiten haben, den Sinn eines Kapitels mitzuteilen, sollten Sie sich überlegen, ob es überhaupt notwendig ist, es in die Arbeit aufzunehmen.

Der Hauptteil der Bachelorarbeit umfasst bei einer Literaturarbeit immer die kritische Auseinandersetzung mit der Literatur mit Bezug zur eingangs gestellten Forschungsfrage. In manchen studentischen Zweckschriften sind zwar die einzelnen Kapitel ordentlich ausgearbeitet und gut mit Literatur belegt, sie sind aber nicht integrativ verfasst, d. h., sie stehen isoliert in der Arbeit. Dem Leser bzw. der Leserin ist nicht erkennbar, welchen Anteil nun ein bestimmtes Kapitel beim Beantworten der zentralen Forschungsfrage einnimmt. Oftmals hat man als beurteilende Lehrperson das Gefühl, manche Kapitel wurden nur verfasst, um auf eine benötigte Seitenanzahl zu kommen. Man könnte sie streichen, es würde dem Verständnis für das Problem und die Problemlösung keinen Abbruch tun. Aus diesem Grund müssen Sie sich überlegen, warum dieses Kapitel bei der Beantwortung der Forschungsfrage(n) unerlässlich ist, und dies auch explizieren.

Beenden sollten Sie ein Kapitel immer auch mit einer Zusammenfassung. Diese steht am Ende des Kapitels und wird oftmals mit der Überschrift Resümee versehen. In der Zusammenfassung stehen die zentralen Erkenntnisse des Kapitels mit einem Bezug zur Fragestellung. Dieser explizite Hinweis, wie die Erkenntnisse nun zur Beantwortung der Forschungsfrage(n) verwendet werden, welche Bedeutung sie im Lösungsprozess haben und warum sie bedeutsam und sinnvoll im Hinblick auf die Forschungsfrage(n) sind, macht Ihre Bachelorarbeit zu einer einzigartigen. All die Aussagen, die Sie aus der Literatur übernehmen, sind bereits existent. Was Sie daraus machen und wie Sie diese Aussagen, Behauptungen, Befunde, Erkenntnisse etc. aus der Literatur für die Beantwortung Ihrer Forschungsfrage(n) verwerten, ist einzigartig. Von daher ist Ihre Bachelorarbeit ein Original.

3.6.1 Inhaltliche Bausteine

Zu Beginn der Arbeit sind die zentralen Begriffe des Themas eindeutig zu definieren. Eine reine Auflistung von Definitionen aus Lexika genügt nicht. Begriffsdefinitionen werden vielmehr durch die Auseinandersetzung mit der aktuellen Literatur gewonnen. Mit der Festlegung der Begriffe deklariert man indirekt das Wissenschaftsverständnis und es werden die hinter den Begriffen stehenden Theorien, Menschen- und Weltbilder übernommen. Das sollte auch explizit in der Arbeit reflektiert werden.

Anschließend werden bestehende Theorien oder dokumentiertes Praxiswissen zur Forschungsfrage argumentativ, vergleichend und kritisch erläutert, zusammengefasst und konkrete Schlussfolgerungen für praktische Bedeutsamkeit gezogen. Bezieht man konkrete Beispiele aus der Fachpraxis ein, dann sind die theoretisch erarbeiteten Erkenntnisse zur Analyse und Reflexion der Praxis einzusetzen. Eine beschreibende Dokumentation alleine entspricht nicht einem wissenschaftlichen Vorgehen. Um den Argumentationszusammenhang sichtbar zu machen, können einzelne Arbeits- und Gedankenschritte beschrieben werden. Übergänge zwischen den einzelnen Kapiteln sollen dazu genützt werden, zu erklären, was nun warum gemacht wird („roter Faden").[60]

Bei einer empirischen Arbeit werden Sie insbesondere zu den oben angeführten Kriterien (1) den Theoriebezug auf Grundlage aktueller Fachliteratur herstellen, (2) Ihre angewandte empirische Methode auf Grundlage methodologischer Literatur umreißen und intersubjektiv nachvollziehbar dokumentieren sowie (3) die Ergebnisse korrekt darstellen und interpretieren müssen.

3.6.2 Grundsätze der Gliederung

Die Gliederung des Hauptteils sollte in Kapitel und Unterkapitel vorgenommen werden. Gibt es Unterkapitel zu einem Kapitel, dann müssen es zumindest zwei sein. In Abb. 18 wäre darauf zu achten, dass einem Unterkapitel 3.1 mindestens auch ein Unterkapitel 3.2 folgen muss (siehe Abb. 19).

60 Vgl. Richtlinien zum Verfassen einer Bachelorarbeit. Verordnung der Gründungsstudienkommission der Pädagogischen Hochschule Oberösterreich. Nr. 21/2007. S. 5

3 Zur Bachelorarbeit
3.1 Begriff der Bachelorarbeit
4 Rechte und Pflichten der Studierenden

Abb. 18: Falsche Gliederung des fiktiven Kapitels 3

3 Zur Bachelorarbeit
3.1 Begriff der Bachelorarbeit
3.2 Beurteilung der Bachelorarbeit
3.3 Resümee
4 Die formale Gestaltung von Bachelorarbeiten

Abb. 19: Richtige Gliederung des fiktiven Kapitels 3

Unterkapitel sollten zudem auch keine wortgetreue Wiederholung des Kapitels sein (siehe Abb. 20 und Abb. 21).

3 Zur Bachelorarbeit und zur Defensio
3.1 Zur Bachelorarbeit
3.2 Zur Defensio

Abb. 20: Falsche Gliederung des fiktiven Kapitels 3 durch Wortwiederholung

3 Zur Bachelorarbeit und zur Defensio
3.1 Begriff der Bachelorarbeit
  3.2.1 Ziel und Zweck in der Pädagogischen Hochschule
  3.2.2 ....
3.2 Begriff der Defensio
4 Rechte und Pflichten der Studierenden

Abb. 21: Richtige Gliederung des fiktiven Kapitels 3 ohne Wortwiederholung

Die Gliederungstiefe sollte in der Regel vier Ebenen nicht überschreiten. Hinter der letzten Stelle steht kein Punkt (siehe Abb. 22). Das Textverarbeitungsprogramm Word macht dies bei entsprechender Handhabung automatisch richtig (siehe 4.4.2 Inhaltsverzeichnis automatisch erstellen, Seite 97 f.).

5	**ZUR BACHELORARBEIT UND ZUR DEFENSIO**
5.1	Ziel und Zweck des Einsatzes wissenschaftlicher Arbeiten
	5.1.1 Die Bachelorarbeit in der Ausbildung
	5.1.1.1 Themenwahl
	5.1.1.2 Forschungsfrage
	5.1.1.3 Vorgangsweise
	5.1.2 Die Defensio in der Ausbildung
5.2.	Beurteilung von Abschlussarbeiten
	5.2.1 Beurteilung der Bachelorarbeit
	5.2.2 Beurteilung der Defensio
5.3	Zusammenfassung
6	**RECHTE UND PFLICHTEN DER STUDIERENDEN**

Abb. 22: Vierstufige Gliederung des fiktiven Kapitels 5

3.6.3 Verzierungen

Eine Gliederung, die sich an wissenschaftlichen Arbeitskriterien orientiert, verzichtet bewusst auf Verzierungen (und wenn sie noch so gut gemeint sind). Die Bachelorarbeit stellt den Inhalt absichtlich sachlich und nüchtern dar und lenkt damit das Interesse des Lesers auf den eigentlichen Zweck der Arbeit – auf den Inhalt. Auch das Einkleben von Bildern, Fotografien etc. ist unüblich. Diese sollten als Abbildung eingescannt werden.

3.7 Zusammenfassende Darstellung

Die zusammenfassende Darstellung stellt (1) die wesentlichen Aussagen Ihrer Bachelorarbeit zusammenfassend in einem Kapitel dar, das aus mehreren Unterkapiteln bestehen kann, aber nicht muss. Des Weiteren werden in der zusammenfassenden Darstellung immer auch (2) die Ergebnisse (Beantwortung der Forschungsfragen) präsentiert, zu denen Sie aufgrund Ihrer Recherchen (Literaturarbeit), Analysen oder Untersuchung gekommen sind. Zu diskutieren ist außerdem, (3) welche Schlüsse Sie allgemein ziehen können, welche konkreten Konsequenzen für zukünftige Tätigkeiten abgeleitet werden, welche Fragen offen geblieben sind und einer weiteren Analyse bedürfen (siehe Tab. 19). Somit schließen Sie den Bogen zu den in Ihrer Einleitung aufgeworfenen Fragen und geben eine nunmehrige Sichtweise und Gesamteinschätzung der Thematik ab.

(01)	Die wesentlichen Aussagen
(02)	Ergebnis(se): Antwort(en) auf die Forschungsfrage(n)
(03)	Konsequenzen der Ergebnisse, Ausblick

Tab. 19: Drei Aspekte der zusammenfassenden Darstellung

Mit (1) der Einführung in die Problemstellung und (2) der zusammenfassenden Darstellung sollten Ziel(e) und Ergebnis(se) eindeutig erkennbar sein und die grundlegenden Informationen Ihrer Bachelorarbeit geliefert werden. Wer Ihren Problemaufriss und die Zusammenfassung liest, muss zumindest darüber informiert sein, welchen Fragen Sie warum und wie auf die Spur gegangen sind und was die Antworten, die Ergebnisse sind. Die zusammenfassende Darstellung braucht in Ihrer Bachelorarbeit in der Regel zwei bis drei Seiten nicht zu überschreiten.

3.8 Literaturverzeichnis

Generell werden – angelehnt an den APA Style[61] – in das Literaturverzeichnis nur die Quellen aufgenommen, die auch im Text zitiert werden[62]. Das Literaturverzeichnis enthält daher alle in der Bachelorarbeit verwendeten Publikationen, also Monographien, Bücher, Aufsätze in Sammelbänden, Beiträge in Büchern, Lehrbüchern, Fachzeitschriften, Lexika oder Handbüchern, Diplomarbeiten, Dissertationen, Habilitationen, außerdem publizierte Konferenzberichte, Kongressberichte, Papers von Institutionen, Festschriften, Gesetze und Verordnungen, Zeitungen wie die Presse, der Standard etc.

Die Angabe der Quellen im Literaturverzeichnis hat den Sinn, dass sich interessierte Personen diese Quellen besorgen können. Daher hat sich eine gewisse Systematik der Quellenangabe in der Scientific Community eingebürgert. Grundsätzlich wird Literatur durch Angabe der Autorennamen, des Titels, des Verlagsortes und des Erscheinungsjahres aufgelistet. In letzter Zeit sieht man auch schon immer öfter, dass der Verlagsname ebenfalls angegeben wird (dies sehen sowohl der APA Style als auch der Harvard Style vor[63]). Zur genaueren Angabe von Literatur wird auf Punkt 5.3 Zum Literaturverzeichnis, Seite 106, verwiesen.

Das Literaturverzeichnis wird generell in alphabetischer Reihenfolge angelegt (Familienname der Autoren bzw. Quellen), innerhalb der gleichen Autorennamen in chronologischer Reihenfolge aufsteigend. Es wird nicht blockweise

61 American Psychological Association, 6th Ed. 2009

62 Vgl. Rossig & Prätsch 2006, S. 118

63 Vgl. Rossig & Prätsch 2006, S. 118 f.

zwischen Büchern, Zeitschriften und Internetquellen getrennt. Wird aus Diplomarbeiten, Dissertationen und Habilitationen zitiert, die nicht publiziert wurden, ist dies anzugeben sowie auch der Universitätsname und das Institut.

Zu den Quellen werden aber auch mündliche Auskünfte von Experten, Argumentationen, Auszüge und Darstellungen aus Protokollen und dergleichen gerechnet, wobei deren Verwendung immer auch eine rechtliche Dimension (z. B. Verschwiegenheitspflicht, Datenschutz) einschließt. Beachten Sie dies in Ihrem Interesse.

3.9 Anhang

In den Anhang kommen üblicherweise Darstellungen, die im Text nicht untergebracht werden können, weil sie dort eher stören, sehr viel Platz wegnehmen und deren Integration im Text daher unpassend wäre. Beispielsweise kommen Materialien wie Fragebögen, Beobachtungsbögen, Interviewleitfäden, Arbeitsblätter als Vorlagen in den Anhang, ebenso Dokumente, Bildmaterialien, Protokolle etc. Ob jene Internetseiten, aus denen Sie zitiert haben, als Ausdruck im Anhang mit einzubinden sind, klären Sie am besten mit Ihren Betreuern.

Zu beachten ist jedenfalls, dass der Anhang durchnummeriert und jeder Teil mit einer passenden Überschrift versehen wird. Im Textteil ist an der passenden Stelle auf die Materialien im Anhang zu verweisen (mit Ausnahme der zitierten Internetseiten). Sollte die Darstellung einer zitierpflichtigen Quelle entstammen (z. B. fotokopiert, gescannt etc.), dann müssen Sie unbedingt die verwendete Quelle angeben; diese scheint auch im Literaturverzeichnis als Vollbeleg auf. Der Anhang wird mit allen Überschriften in das Inhaltsverzeichnis aufgenommen.

3.10 Eidesstattliche Erklärung

Die eidesstattliche Erklärung ist handschriftlich mit Vor- und Familiennamen zu unterschreiben und an der vorgeschriebenen Stelle mit einzubinden. Verwenden Sie den Text, der an Ihrer Universität oder Fachhochschule vorgeschrieben ist. Folgend sind zwei unterschiedlich formulierte Erklärungen angeführt (Tab. 20):

(01)	„Ich erkläre, dass ich die vorliegende Bachelorarbeit selbst verfasst habe und dass ich dazu keine anderen als die angeführten Behelfe verwendet habe. Außerdem habe ich ein Belegexemplar verwahrt."
(02)	„Ich erkläre, dass ich die vorliegende Bachelorarbeit selbst verfasst und dazu keine anderen als die angeführten Behelfe verwendet, die Autorenschaft eines Textes nicht angemaßt und wissenschaftliche Texte oder Daten nicht unbefugt verwertet habe. Außerdem habe ich die Reinschrift der Bachelorarbeit einer Korrektur unterzogen und ein Belegexemplar verwahrt. Ferner gebe ich meine Einwilligung zur Veröffentlichung in der Universitätsbibliothek und online als Volltext."

Tab. 20: Eidesstattliche Erklärung – Text

3.11 Lebenslauf

Es besteht bei umfangreicheren Arbeiten die Möglichkeit, als letzte Seite der Arbeit auch einen Lebenslauf der Verfasserin bzw. des Verfassers mit einzubinden. Der Lebenslauf gibt in Tabellenform (nicht in Aufsatzform) Rückschlüsse auf Sie, sollte aber kurz und prägnant gehalten werden.

Wichtige Daten des Lebenslaufes sind (1) Vor- und Zuname, (2) Geburtsdatum, (3) Bildungsgang (führen Sie auch Lehre, berufliche Tätigkeiten, absolvierte Ausbildungen, Fort- und Weiterbildungen sowie besondere fachliche Kenntnisse an). Nicht anzuführen sind Glaubensbekenntnis, Name der Eltern, Familienstand, Geschwister, Hobbys etc.

3.12 Weitere Darstellungsformen

Darstellungen wie Tabellen und Abbildungen sind notwendige Bestandteile jeder (wissenschaftlichen) Arbeit, der Umgang mit diesen sollte von Ihnen beherrscht werden.

3.12.1 Abbildungen

Abbildungen sind verschiedenste Darstellungen wie eingescannte, kopierte oder auch selbst erstellte Skizzen, Fotografien, Grafiken, Bilder, Teile aus Dokumenten, Gesetzesauszügen – kurzum alles, was nicht als Aufzählung oder Tabelle gilt.

Jede Abbildung ist mit einer Benennung (passende Überschrift oder Unterschrift) zu versehen und in der Bachelorarbeit fortlaufend zu nummerieren. Anzugeben sind immer auch die Quellen. Es ist üblich, jede Abbildung im Text zu kommentieren und auf sie hinzuweisen (z. B. durch den Zusatz: siehe Abb. XY).

3.12.2 Tabellen

Nicht selten wird im Text das Aufzählen von Merkmalen, Daten, Eigenschaften und dergleichen notwendig. Wird diese Aufzählung in den laufenden Text integriert, kann er unnötigerweise lang und vor allem sehr schwer lesbar werden. Tabellen können Abhilfe schaffen. Bei ihrer Erstellung gibt es aber einiges zu berücksichtigen (siehe Tab. 21).

(01)	Tabellen sollten grundsätzlich in einem Rahmen in den laufenden Text eingefügt werden.
(02)	Es gibt mehrere Möglichkeiten, eine Aufzählung vorzunehmen, in der Regel gilt aber: Wenn Sie sich für eine bestimmte Form entschieden haben, sollten Sie diese die gesamte Bachelorarbeit über beibehalten.
(03)	Stammen die in der Tabelle genannten Daten aus einer zitationspflichtigen Quelle, dann ist diese anzugeben.
(04)	Die Tabelle wird immer mit einer Benennung (passende Überschrift oder Unterschrift) versehen und nummeriert.
(05)	Wird eine Tabelle eingefügt, ist zum laufenden Text genügend Freiraum zu lassen.
(06)	Grundsätzlich sollten Tabellen im laufenden Text kurz kommentiert werden.
(07)	Im laufenden Text ist auch auf die Tabellen hinzuweisen (z. B. durch den Hinweis: siehe Tab. XY).

Tab. 21: Grundsätze der Tabellenerstellung

In Tab. 21 wurde die Aufzählung unter Einschaltung der Nummerierung (01), (02), (03) etc. vorgenommen. Diese Vorgangsweise wäre bei allen Tabellen der Bachelorarbeit einzuhalten. Ein Hin- und Herwechseln, beispielsweise von →, →, → etc. auf (a), (b), (c) etc. und dann auf ✓, ✓, ✓ etc. ist unkorrekt und sollte daher unterbleiben. Sehr selten kann die besondere Art der Aufzählung dazu zwingen, von diesem Grundsatz abweichen zu müssen, beispielsweise bei Zitationen von Gesetzestexten mit Paragraphenangabe oder bei Skalenbeschreibungen. Eine Tabelle hat eine Über- oder Unterschrift aufzuweisen und ist mit einer fortlaufenden Nummer zu versehen. Stammt die Tabelle aus einer Quelle, ist diese mit „Quelle: XY" oder „entnommen aus: XY" anzugeben. Die genaue Form der Quellenangabe wird unter Punkt 5.4 Zum Zitieren, Seite 117, behandelt.

3.13 Äußere Form der Bachelorarbeit

Da Ihre Bachelorarbeit eine wissenschaftliche Zweckschrift ist, gelten bezüglich der äußeren Form ebenfalls einige Vorschriften, an die Sie sich halten sollten (siehe Tab. 22).

(01)	Die Bachelorarbeit ist nur einseitig bedruckt, also immer auf der rechten Seite.
(02)	Das Deckblatt ist die erste Seite, wird jedoch nicht paginiert.
(03)	Die Kurzzusammenfassung mit der englischen Übersetzung als Summary bzw. Abstract ist die Seite zwei, wird jedoch ebenfalls nicht paginiert.
(04)	Das Vorwort steht auf Seite drei, hat ebenfalls noch keine Paginierung.
(05)	Das Inhaltsverzeichnis beginnt auf Seite vier und ist die erste Seite mit Paginierung.
(06)	Abbildungs-, Tabellen- und Abkürzungsverzeichnis stehen auf den nachfolgenden Seiten mit Paginierung.
(07)	Die Paginierung wird in der Kopfzeile rechts oben angebracht.
(08)	Da im Blocksatz geschrieben werden soll, bildet der rechte Rand eine Linie.
(09)	Alle Kapitelüberschriften beginnen auf einer neuen Seite (Einstellung in Word: Seitenumbruch oberhalb).
(10)	Nach einer Überschrift sollte nicht gleich eine Überschrift der darunterliegenden Ebene stehen. Zwischen zwei Überschriften ist zumindest ein kurzer Textblock zu verfassen. Beispielsweise können Sie anführen, was die Leserschaft erwartet und warum Sie dieses oder jenes anführen.
(11)	Tabellen und Abbildungen sind durch Abstände vom Text abzugrenzen.
(12)	Die Seitenränder (Vorschlag): oben 3 cm, unten 2,5 cm, links 3 cm, rechts 2,5 cm
(13)	In der letzten Zeile der Seite steht keine Überschrift mehr; diese sollte auf die nächste Seite gesetzt werden (Einstellung in Word: Absätze nicht trennen).
(14)	Jede Seite der Bachelorarbeit wird soweit wie möglich mit Text (Times New Roman oder Arial, Schriftgröße 12 pt, Zeilenabstand 1½ zeilig oder 1,3-fach), Tabellen und Abbildungen ausgefüllt, Leerplätze sind zu vermeiden.
(15)	Mit der letzten Zeile einer Seite sollte nie ein neuer Absatz begonnen werden bzw. in der ersten Zeile der nächsten Seite sollte nie allein die letzte Zeile eines Absatzes von der Vorderseite stehen (Einstellung in Word: Absatzkontrolle).

Tab. 22: Äußere Formvorschriften für die Bachelorarbeit

3.14 Stil der Bachelorarbeit

Sie können in Ihren Ausführungen durchaus pointiert formulieren, ohne dabei umgangssprachliche Wendungen oder einen allzu saloppen Ton zu verwenden. Abgesehen von Irritationen, die ein inadäquater (nicht wissenschaftlicher) Stil beim Lesen Ihrer Bachelorarbeit hervorruft, könnten „plump" gewählte Ausdrücke und Formulierungen bei Ihren betreuenden Lehrpersonen den Eindruck erwecken, dass Sie Sachlichkeit (und wissenschaftlichen Ernst) vermissen lassen. Bedenken Sie, dass in aller Regel die ersten eigenen sprachlichen Formulierungen wie beispielsweise Begründungen, Argumentationen, Anmerkungen, Ergänzungen, Bemerkungen, Einbringen persönlicher Erfahrungen, Ideen etc. das Überlegte nicht in idealer Form ausdrücken. Erst durch mehrfache Überarbeitungen nimmt Ihr Stil in der Bachelorarbeit eine adäquate (wissenschaftliche) Form an. Grundsätzlich nimmt sich, wie in allen wissenschaftlichen Arbeiten auch, die Verfasserin bzw. der Verfasser einer Bachelorarbeit als Person zurück und überlässt der Sachlichkeit den Platz. Der Schreibstil sollte daher möglichst verständlich sein, die Argumentation nachvollziehbar, die Daten und Aussagen müssen eindeutig belegt sein. Es sind weniger die persönlichen Meinungen, Vorlieben oder Einschätzungen als vielmehr die Begründungen der Meinungen von Bedeutung. Es muss immer klar erkennbar sein, auf welche Grundlagen sich Behauptungen beziehen.

Sie müssen sprachlich präzise zwischen Bericht und Ihrem persönlichen Kommentar unterscheiden. Für eigene Argumentationen verwendet man den Indikativ, für indirekte Zitate von anderen Autorinnen und Autoren den Konjunktiv. Wenn Sie zu einer Frage oder zu einer Aussage in Ihrer Bachelorarbeit ausnahmsweise ganz persönlich Stellung nehmen wollen bzw. Ihre Meinungen, Erfahrungen und Haltungen einfließen lassen wollen, dann achten Sie dabei aber auf einige Besonderheiten (siehe Tab. 23). Weitere Tipps und Ratschläge zur formalen Gestaltung finden Sie bei Holger Höge[64].

64 2006, S. 81–110

(01)	Verwenden Sie beim Formulieren eigener Argumentationen, Begründungen, Meinungen, Erfahrungen und Haltungen nicht die Ich-Form – die einzige Ausnahme ist das Vorwort.
(02)	Eigene Gedanken können mit Umschreibungen wie „dem kann entgegen gehalten werden...", „dazu ist zu bemerken...", „hierzu wird festgehalten...", oder „dem wäre hinzuzufügen...". formuliert werden.
(03)	Vermeiden Sie allerdings die Formulierung „Nach Ansicht der Verfasserin bzw. des Verfassers...".
(04)	Vermeiden Sie (die in aller Regel unangemessenen) Adverbien und Füllwörter wie „wohl ...", „fast ...", „irgendwie ...", „an und für sich ...", „natürlich ...", „selbstverständlich ...", „nun ..." und „gewissermaßen ...".
(05)	Leiten Sie einen Satzübergang nicht mit der unangemessenen Feststellung „übrigens..." ein oder aus.
(06)	Vermeiden Sie in jedem Fall unnötige Phrasen wie „es wird festgestellt...".
(07)	Vermeiden Sie die Formulierung „Es ist wichtig, dass...". Wenn Sie diese Formulierung unbedingt verwenden wollen, dann begründen Sie, für wen, aus welcher Perspektive und zu welchem Zweck etwas wichtig sein soll.
(08)	Unangebracht ist die ungefragte Einbeziehung der Leserschaft etwa in der Art von „...wir kommen zu dem Schluss, dass...".
(09)	Unpassend ist auch die Formulierung „man..." oder „so sagt man...".
(10)	Ein weiterer Hinweis: Häufig sind Bachelorarbeiten (und nicht nur sie) mit sogenannten dass-Sätzen überfrachtet. Dies können Sie vermeiden, indem Sie in dass-Konstruktionen den einleitenden Satzteil auf ein einziges Wort reduzieren. Also statt „Es ist bekannt, dass..." wäre die Formulierung: „Bekanntlich..." besser.

Tab. 23: Wichtige Hinweise beim Formulieren eigener Gedanken

4 Zur Textverarbeitung mit Word

Nachfolgende Ausführungen beziehen sich auf das Textverarbeitungsprogramm Microsoft® Office Word 2010. Welches Betriebssystem (Windows XP, Vista, Windows 7) Sie auf Ihrem PC verwenden, ist dabei nebensächlich. Bei den folgenden Angaben zur Formatierung Ihrer Bachelorarbeit wird davon ausgegangen, dass Ihre betreuenden Lehrpersonen keine speziellen, abweichenden Einstellungen vorgeben. Die Anleitungsschritte decken die wesentlichen Einstellungen für Ihre Bachelorarbeit ab. Sie erfahren, wie Sie sich durch den gezielten Einsatz von Formatvorlagen spätere Korrekturen erleichtern und welche Aufgaben der Computer dadurch für Sie übernehmen kann. Solchermaßen angelegte Dokumente sind außerdem Vorbedingung dafür, weitere höhere Programmfunktionen zu benutzen, die am Ende des Kapitels nur kurz genannt werden können. Für die Erstellung der Bachelorarbeit sind die Schreib- und Gestaltungsregeln für die Textverarbeitung der DIN 5008 (Mai 2005)[65] bzw. ÖNORM A 1080[66] heranzuziehen.

4.1 Vor Arbeitsbeginn

Wir setzen voraus, dass Sie sich im Rahmen Ihres EDV-Unterrichts bis zur Matura bzw. bis zum Abitur Grundkenntnisse der Textverarbeitung angeeignet haben. Die Gestaltung eines so komplexen Schriftstücks wie einer Bachelorarbeit erfordert jedoch den Einsatz zahlreicher Programmfunktionen. Wenn Sie bisher wenig oder noch nie mit Word gearbeitet haben, empfehlen wir Ihnen, sich noch vor dem eigentlichen Beginn Ihrer Bachelorarbeit die benötigten Kenntnisse der Formatierung anzueignen. Legen Sie dafür Übungsdateien mit Texten an und formatieren Sie diese entsprechend den Anleitungen in diesem Kapitel. Sie werden erstaunt sein, wie schnell Sie durch solche Übungen sicherer im Umgang mit dem Programm werden.

4.1.1 Den Anleitungen dieses Kapitels folgen

Im nachstehenden Text werden die einzelnen Arbeitsschritte der Übersichtlichkeit halber wie im folgenden Beispiel dargestellt. Die *kursiv* dargestellten Textpassagen beziehen sich dabei auf Menüs, Optionen, Dialogboxen, Schaltflächen, Kontrollfelder, Listenfelder etc. Wo es für ein besseres Verständnis notwendig erscheint, sind die Anleitungen durch Abbildungen der entsprechenden Bildschirmelemente ergänzt.

65 Käuflich zu erwerben unter http://www.din.de [7.4.2009]

66 Käuflich zu erwerben unter https://www.on-norm.at/ecom [7.4.2009]

Beispiel: Um von einem Dokument nur die gerade aktuelle Seite (das ist jene Seite, die am Bildschirm angezeigt wird und in der sich die blinkende Absatzmarke befindet) zu drucken, wählen Sie *Datei/Drucken/Einstellungen/Aktuelle Seite drucken/Drucken*. Damit ist gemeint: Klicken Sie nacheinander in der Menüleiste auf *Datei* (1), im folgenden Kontextmenü auf *Drucken* (2), im dann erscheinenden Druckmenü unter *Einstellungen* auf den kleinen nach unten zeigenden Pfeil (Dreieck) (3). Nun wählen Sie *Aktuelle Seite drucken* (4) und im Anschluss klicken Sie auf die Schaltfläche *Drucken* (5) (siehe Abb. 23). Nun wird die von Ihnen gewünschte Seite gedruckt.

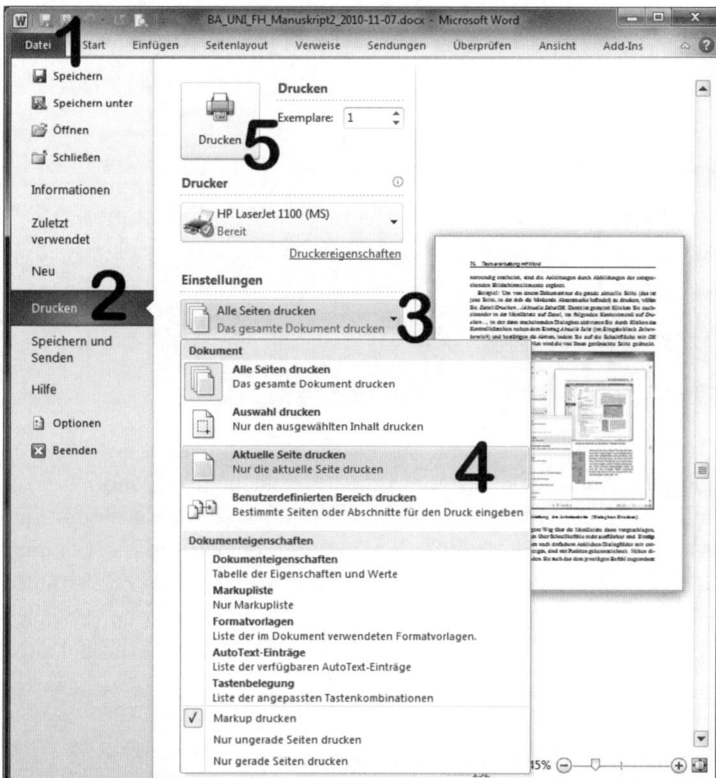

Abb. 23: Beispiel zur Darstellung der Arbeitsschritte (Dialogbox Drucken)

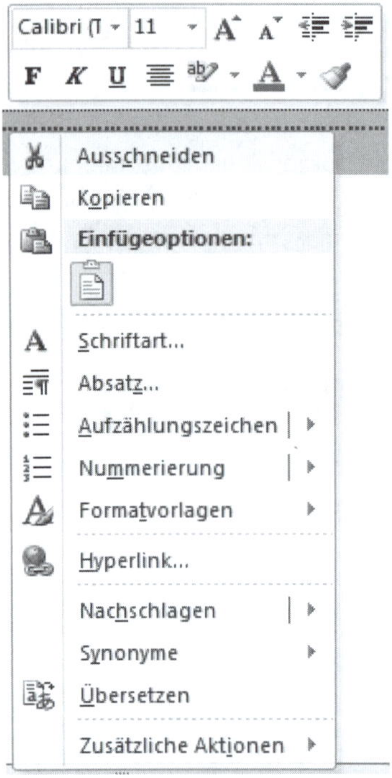

Meist wird der etwas längere Weg über die Menüleiste dann vorgeschlagen, wenn benötigte Funktionen über Schnellbefehle (im Dokument mit der rechten Maustaste klicken) nicht ausführbar sind. Einträge in Kontextmenüs, die nach einfachem Anklicken Dialogfelder mit entsprechender Auswahl anzeigen, sind mit Punkten gekennzeichnet (z. B. *Absatz...*). Neben diversen Menüeinträgen finden Sie auch das dem jeweiligen Befehl zugeordnete Symbol (siehe Abb. 24).

Abb. 24: Bearbeitungen über die Menüleiste nach Rechtsklick

Bearbeitungen über Anklicken von Schaltflächen in der Symbolleiste bzw. im Menüband oder Betätigen von Tastenkombinationen (Shortcuts) oder Klicken der rechten Maustaste bedingen häufig, dass vorher jener Teil (eine Textpassage, ein einzelnes Objekt etc.) markiert wird, auf den sich der Befehl beziehen soll. Welche Möglichkeiten der Markierung Ihnen zur Verfügung stehen, können Sie in der Microsoft® Word-Hilfe nachlesen. Die Funktionsweise dieses Hilfsprogramms wird im nächsten Abschnitt erklärt.

4.1.2 Die integrierte Word-Hilfe benutzen

Eine grundlegende Unterstützung beim Üben kann die Microsoft® Word-Hilfe sein. Dieses in Word integrierte Hilfsprogramm bietet für viele Arbeitsschritte neben der Suche nach Stichworten und Begriffen auch eine schrittweise Anleitung (Erste Schritte mit Word, siehe Pfeil in Abb. 25) an.

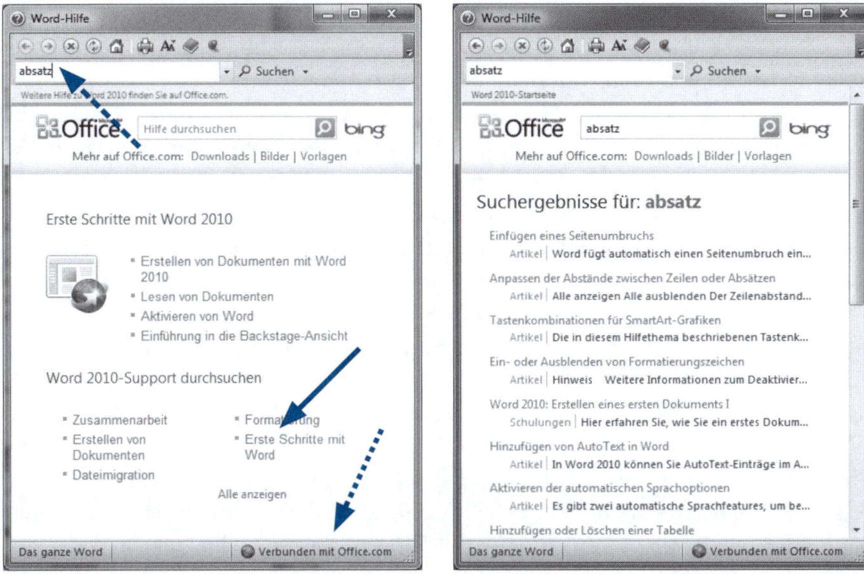

Abb. 25: Die Dialogbox Word-Hilfe mit den Suchergebnissen zu „absatz"

Über *Datei/Hilfe/Microsoft Office-Hilfe (?)* oder durch Drücken der Funktionstaste F1 (üblicherweise die zweite Taste von links in der obersten Reihe Ihrer Tastatur) gelangen Sie zur in Abb. 25 links dargestellten Dialogbox, wo Ihnen weitere Möglichkeiten der Unterstützung während der Arbeit angezeigt werden. Immer wenn der Mauszeiger zur Hand wird, sobald Sie auf einen Eintrag zeigen, können Sie durch Anklicken weitere Erklärungen zu dem Thema oder Begriff erhalten. Sie können auch nach Begriffen suchen, die Sie erklärt haben wollen. Dazu müssen Sie den Begriff in das Suchfeld schreiben und die Eingabe mit der Eingabetaste (Enter, Return) bestätigen. In Abb. 25 wurde der Begriff „absatz" (siehe strichlierter Pfeil) eingetragen (Groß-/Kleinschreibung muss nicht beachtet werden). Wenn Sie online sind, sucht Microsoft® Office auch in der Online-Hilfe (siehe punktierter Pfeil in Abb. 25). Als Suchergebnis sehen Sie eine neue Dialogbox (siehe Abb. 25 rechts). Wählen Sie durch Anklicken die entsprechende Hilfeoption und führen Sie die Anleitungen aus. Noch ausführlichere Anleitungen erhalten Sie in den zahlreichen Büchern, die rund um die Anwendung dieses Programms erschienen sind und laufend erscheinen. Die meisten dieser Publikationen sind aber leider sehr teuer. Da es auch sehr große qualitative Unterschiede gibt, sollten Sie prüfen, ob Ihnen Aufbau und Stil eines Buches zusagen, bevor Sie es sich anschaffen. Kostengünstiger sind Skripten und Arbeitshefte, die oft spezifische Themen behandeln. Diese sind aber oft nur in Spezialbuchhandlungen einsehbar. Weitere Hilfestellungen finden Sie über das Internet und in Computermagazinen, die oft sogar interaktive Workshops auf CD-ROM enthalten. Vielleicht können Sie sich solche Hilfsmittel von Freunden und Bekannten oder in Bibliotheken ausleihen.

Wenn Sie mit Word 2003 schon sehr viel gearbeitet haben und Ihnen die Menüs und Befehle geläufig sind, Sie nun Word 2010 verwenden und die Befehle in der neuen Menüführung nicht finden, kann Ihnen ein interaktives Online-Programm helfen. Das Programm bezieht sich zwar auf Word 2007, doch im Großen und Ganzen ist der Unterschied zu 2010 nicht sehr groß. Sie finden dieses Programm unter dem Namen *Interaktives Referenzhandbuch: Befehle in Word 2003 und Word 2007 im Vergleich* auf der Microsoft®-Homepage unter dem URL http://office.microsoft.com/de-de/word-help/interaktives-referenz handbuch-befehle-in-word-2003-und-word-2007-im-vergleich-HA010074432.aspx. Wahlweise können Sie auch mit den Suchbegriffen *Referenz Word 2003 2007* in Google suchen. Das Handbuch erfordert Adobe Flash Player 7.0 oder höher (das ist ein Browser-Zusatzmodul). Nach dem Start des Handbuchs (Programms) sehen Sie die Oberfläche von Word 2003. Dort klicken Sie in der Menüleiste auf einen Befehl, beispielsweise auf *Format/Absatz* (siehe Pfeile in Abb. 26).

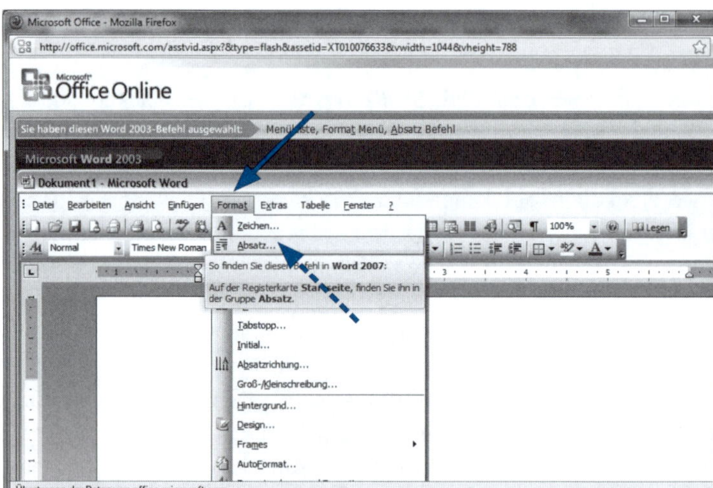

Abb. 26: Interaktives Handbuch Word 2003

Automatisch wechselt die Darstellung auf die Oberfläche von Word 2007 und die entsprechenden Felder auf dem Menüband werden farbig eingerahmt (siehe Pfeile in Abb. 27).

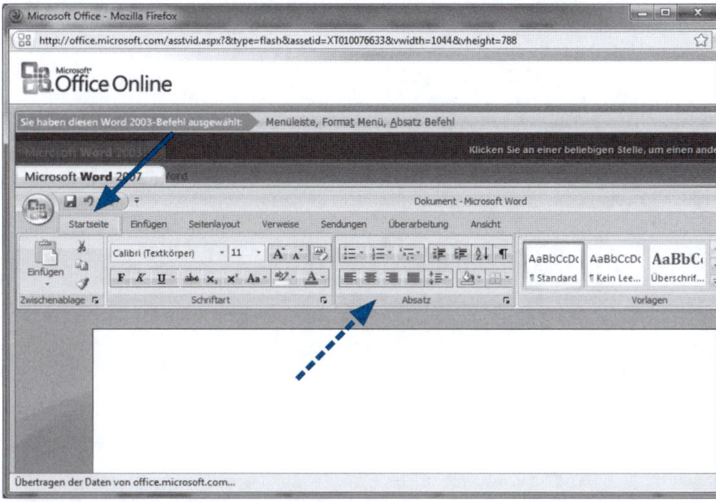

Abb. 27: Interaktives Handbuch Word 2007

4.2 Erste Arbeitsschritte

Nachdem Sie das Programm Word geöffnet haben, erscheint zunächst ein neues Dokument, das auf der Dokumentvorlage *Normal.dot* basiert. Diese Datei (vorstellbar als ein „Linienspiegel", der eine Fülle von Einstellungen im Hintergrund bereithält) enthält bereits eine Reihe von Dokumenteinstellungen und Formatvorlagen, so wie sie standardmäßig in der Programmsoftware festgelegt wurden. Diese werden jedoch wahrscheinlich nicht Ihren Bedürfnissen für die Bachelorarbeit entsprechen. Deswegen sollten Sie diese zunächst anpassen.

4.2.1 Eine Datei anlegen und speichern

Überlegen Sie, in welchem Ordner Sie Ihre Bachelorarbeit ablegen wollen. Bedenken Sie dabei, dass Sie sehr häufig mit dieser Datei arbeiten werden. Sie sollten deswegen einen Speicherort wählen, auf den Sie schnell zugreifen können. Wenn Sie nacheinander auf *Datei/Speichern unter...* klicken (siehe Abb. 28), sehen Sie Verknüpfungen zu Ihren Ordnern. Besonders empfehlenswert ist die Ablage eines Ordners (z. B. BA) auf dem Desktop. Dieser Ordner ist nach dem Start des Computers vom Desktop aus mit einem Doppelklick zu öffnen. Im Ordner befinden sich die Dokumente, die dann ebenfalls mit Doppelklick zu öffnen sind.

Speichern Sie zunächst das neue Dokument unter einem für Sie unverwechselbaren Dateinamen. Wählen Sie dazu *Datei/Speichern unter...* und geben Sie diesen Namen in das Feld neben *Dateiname:* ein.

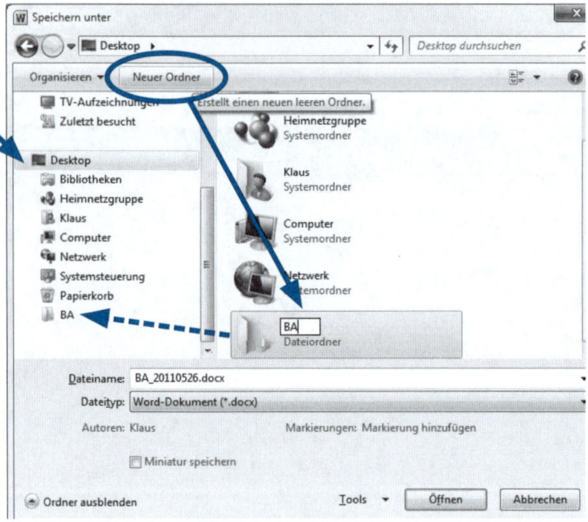

Abb. 28: Eine Datei speichern

Tipp: An Ihrer Bachelorarbeit werden Sie Wochen arbeiten. Speichern Sie jede Version Ihrer Bachelorarbeit unter einem eigenen Dateinamen ab. Empfehlenswert ist im Dateinamen das aktuelle Datum anzuhängen (z. B.: BA- 20110526). Sie erhalten im Laufe der Zeit so viele Dateien wie Sie Tage an Ihrer Bachelorarbeit gearbeitet haben. Nachdem Speicherplatz in der heutigen Zeit kein Problem darstellt, werden Sie die Speicherkapazität von Festplatten oder modernen USB-Sticks mit dieser Vorgehensweise sicherlich nicht erschöpfen. Sie speichern somit all Ihre Entstehungsversionen ab. Das kann dann von Vorteil sein, wenn Sie im Zuge des Entstehens Ihrer Bachelorarbeit Textteile geschrieben, nach ein paar Tagen umgearbeitet oder gar gelöscht haben und zu einem noch späteren Zeitpunkt auf den Ursprungstext gerne wieder zurückgreifen möchten. Mit der vorgeschlagenen Methode können Sie diesen Text finden, weil er in einer früheren Version Ihrer Bachelorarbeit steht.

Obwohl das Programm werksmäßig so konfiguriert ist, dass in regelmäßigen Abständen (standardmäßig alle 10 Minuten) eine Schnellspeicherung durchführt wird, ersetzt dies nicht das reguläre Speichern. Gerade bei umfassenden Bearbeitungen sollten Sie deswegen alle paar Minuten manuell speichern, damit wichtige Daten bei einem allfälligen Systemabsturz nicht verloren gehen. Speichern können Sie über *Datei/Speichern*, über das *Diskettensymbol* in der Symbolleiste (siehe Pfeil in Abb. 29) oder mit der Tastaturkombination *Strg+S*. Empfehlenswert ist ein mehrmaliges Speichern Ihrer Bachelorarbeit auf unterschiedlichen Datenträgern. Nichts ist ärgerlicher als eine fertige Bachelorarbeit durch den Defekt eines Speichermediums zu verlieren. Speichern Sie Ihre Bachelorarbeit am besten auf der Festplatte des Computers ab, auf dem Sie Ihre Bachelorarbeit schreiben. Eine Sicherungskopie sollte täglich auf einem USB-Stick abgelegt werden. Zusätzlich ist anzuraten, auf einem weiteren Computer (z. B. in der Universität oder Fachhochschule) mindestens einmal wöchentlich eine Sicherungskopie abzulegen (verwenden Sie einen USB-Stick oder senden Sie die Bachelorarbeit per E-Mail an Ihren User Account in der Universität oder Fachhochschule).

Ein Worddokument (Dokumentvorlage) mit allen voreingestellten Überschriften, Verzeichnissen, Formatvorlagen etc., in das Sie Ihre Bachelorarbeit schreiben können, steht auf http://www.ktv-krems.at/samac/ zum Download zur Verfügung.

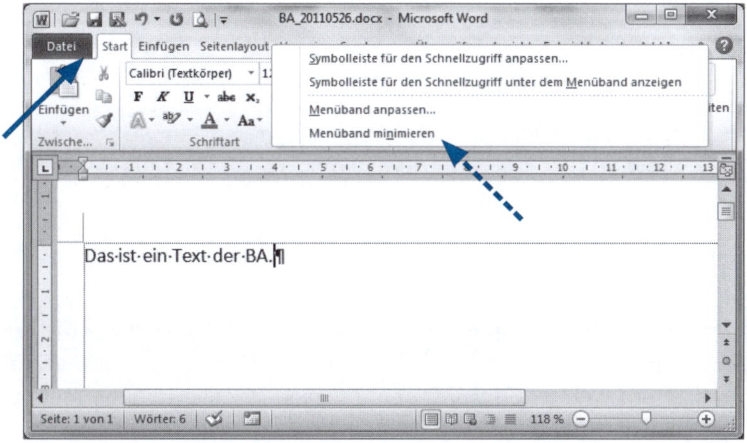

Abb. 29: Symbolleiste für den Schnellzugriff

4.2.2 Das Menüband anpassen

Zum Ein- und Ausblenden und zum Anpassen des Menübandes und der Symbolleiste für den Schnellzugriff klicken Sie mit der rechten Maustaste auf eine beliebige Stelle im Menüband und dann im Kontextmenü auf den entsprechenden Befehl. Zum Hinzufügen von Schaltflächen wählen Sie die Option *Menüband anpassen...* (siehe strichlierter Pfeil in Abb. 29). Zuerst müssen Sie eine neue Gruppe erstellen (siehe Pfeil in Abb. 30), der die Symbole zugeordnet werden. Wahlweise kann auch eine neue Registerkarte erstellt werden. Welche Symbole in der neuen Gruppe oder auch Registerkarte angezeigt werden, wird mit der entsprechenden Auswahl (Mausklick) auf den Pfeil im oberen linken Fenster gesteuert (siehe strichlierter Pfeil in Abb. 30). Das ausgewählte Symbol bringen Sie mit einem Mausklick auf *Hinzufügen>>* in die markierte Gruppe bzw. Registerkarte (siehe punktierter Pfeil in Abb. 30).

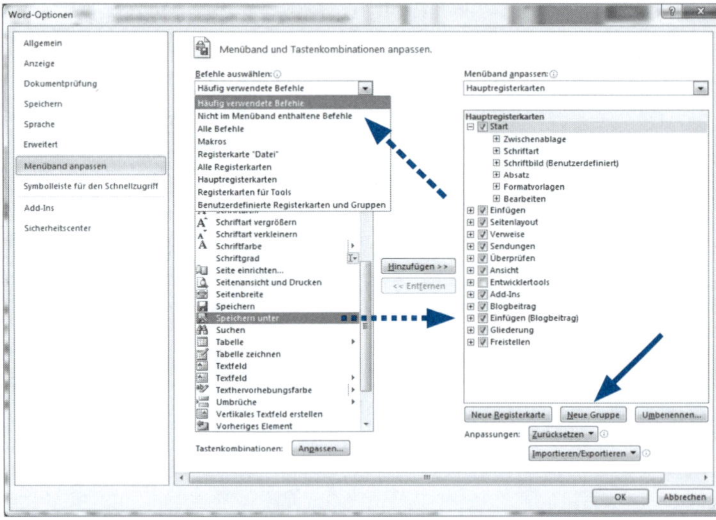

Abb. 30: Symbolleiste für den Schnellzugriff

4.2.3 Das Seitenlayout anpassen

Für die Einstellung des Seitenlayouts klicken Sie im Menüband auf die Registerkarte *Seitenlayout* (siehe Pfeil in Abb. 31) und wählen unter *Seitenränder* die Option *Benutzerdefinierte Seitenränder ...* (siehe strichlierter Pfeil in Abb. 31). Dadurch erscheint die Dialogbox *Seite einrichten* auf dem Bildschirm. Die Werte sollten entsprechend der Abb. 32 durch wiederholtes Klicken der Pfeile eingestellt werden: *Seitenränder Oben, Unten, Links, Rechts* jeweils 2,5 cm; *Bundsteg* 0,5 cm. Nach einem Klick auf *OK* werden diese Einstellungen automatisch übernommen.

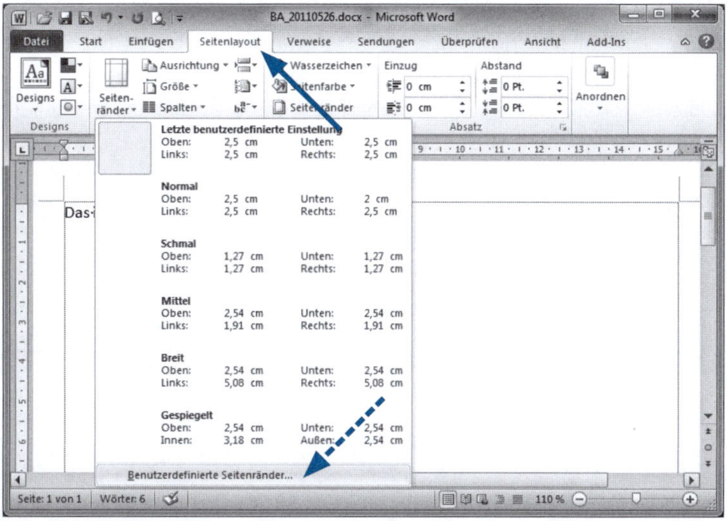

Abb. 31: Seitenlayout festlegen

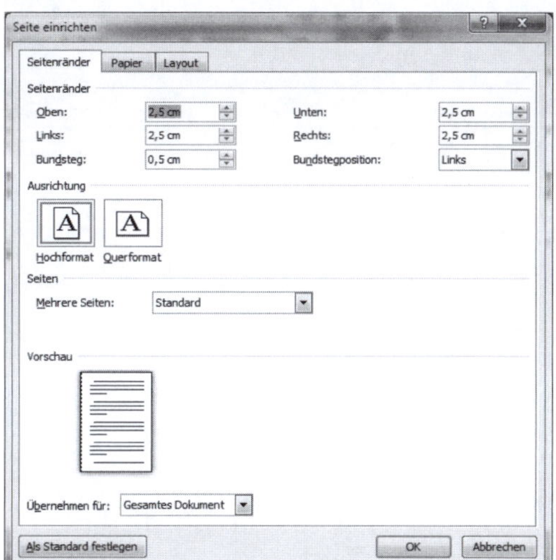

Abb. 32: Seite einrichten

4.2.4 Formatvorlagen anpassen

Auf der Registerkarte *Start* können Sie durch Aufrufen der Box für die Formatvorlagen (siehe Pfeil in Abb. 33) die Formatierung der einzelnen Textelemente anpassen. Zum Ändern der Formatierungen der Schriftart *Standard* müssen Sie in der

Box für die Formatvorlagen auf den kleinen schwarzen, nach unten weisenden Pfeil neben *Standard* klicken und anschließend *Ändern …* wählen (siehe strichlierter Pfeil in Abb. 33). Die gängigsten Formatierungen sind in der nun erscheinenden Dialogbox (siehe Abb. 34) direkt einstellbar. Für weitere Einstellungen klicken Sie auf *Format* und anschließend auf die entsprechende Option (siehe Pfeil in Abb. 34).

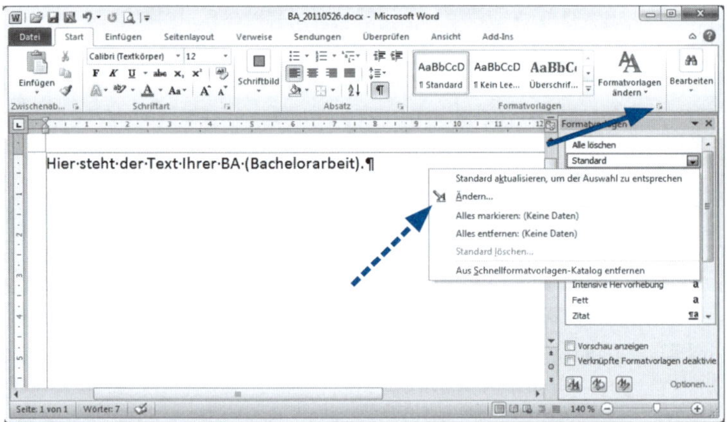

Abb. 33: Formatvorlagen anpassen

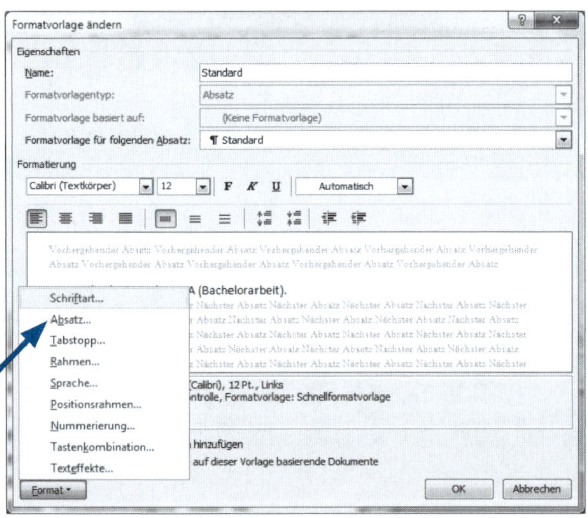

Abb. 34 Formatvorlage ändern

Für die Formatvorlage *Standard* wählen Sie die *Schriftart* Times New Roman, den *Schriftschnitt* Normal und die *Schriftgröße* 12. Bestätigen Sie mit *OK* (siehe Abb. 35).

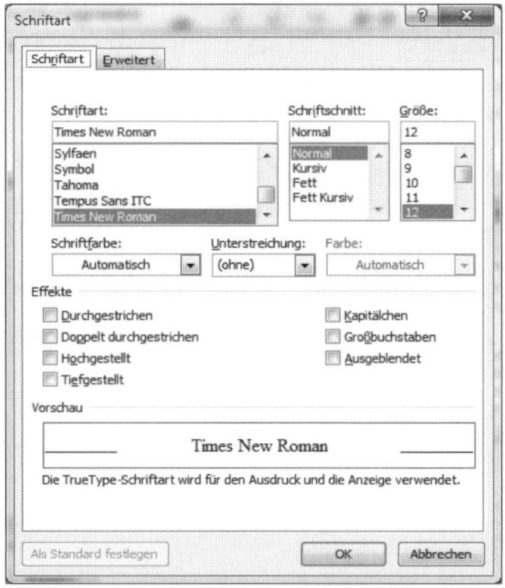

Abb. 35: Schrifteinstellungen für Formatvorlage *Standard*

Nun wählen Sie *Absatz…* (siehe Abb. 34), wo Sie über die Registerkarte *Einzüge und Abstände* folgende Einstellungen vornehmen: *Ausrichtung*: links; *Einzüge*: 0; *Abstände* 0; *Zeilenabstand*: Einfach (siehe Abb. 36 links). Auf der Registerkarte *Zeilen- und Seitenumbruch* setzen Sie ein Häkchen in *Absatzkontrolle* (siehe Abb. 36 rechts). Somit steht niemals die letzte Zeile eines Absatzes auf einer neuen Seite oder die erste Zeile eines neuen Absatzes auf einer vorherigen Seite.

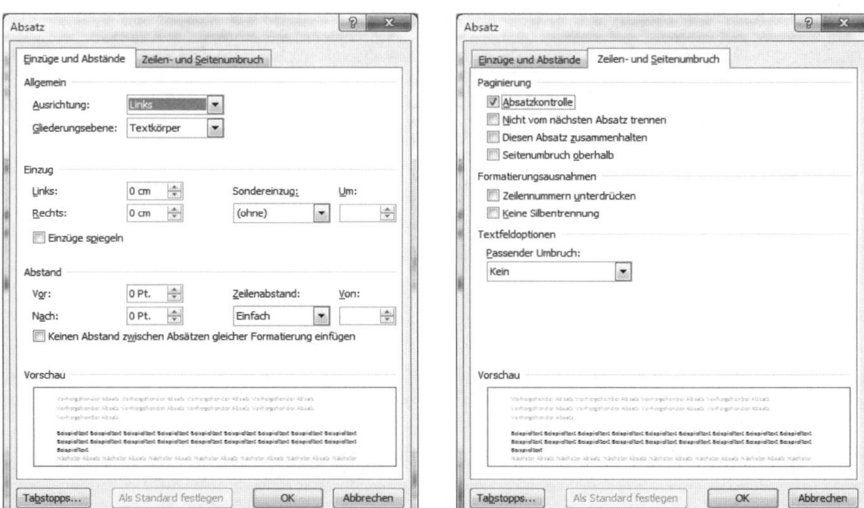

Abb. 36: Absatzeinstellungen für Formatvorlage *Standard*

Wenn Sie nun in ein Dokument einen Text tippen, wird diesem Text automatisch die Formatvorlage *Standard* mit all den vorgenommenen Einstellungen zugewiesen (siehe Pfeile in Abb. 37).

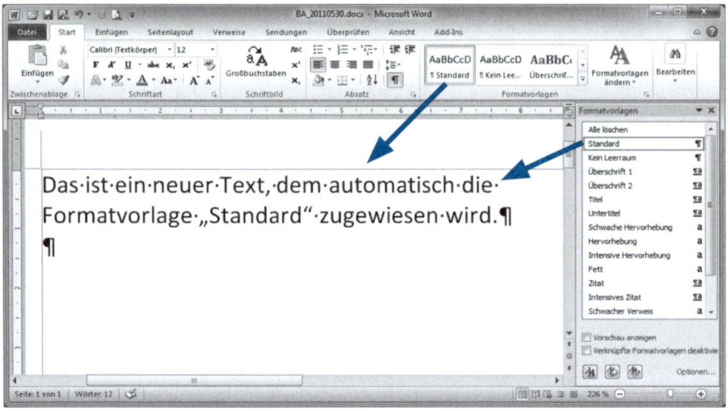

Abb. 37: Text mit Formatvorlage *Standard*

4.2.5 Neue Formatvorlagen generieren

Für Texte in Ihrer Bachelorarbeit empfehlen wir jedoch nicht auf die Formatvorlage *Standard* zurückzugreifen, sondern eigene Textvorlagen zu generieren. Dazu nehmen Sie in Ihrem leeren Dokument über das Menüband auf der Registerkarte *Start* nachfolgende Einstellungen vor. Über die Dialogbox *Schriftart* stellen Sie ein: *Schriftart* Times New Roman, *Schriftschnitt*: Normal; *Größe:* 12. Über die Dialogbox *Absatz* stellen Sie ein: *Ausrichtung*: Blocksatz; *Abstand nach*: 6 pt; *Zeilenabstand*: 1,5 Zeilen (oder: Mehrfach; *Von*: 1,3).

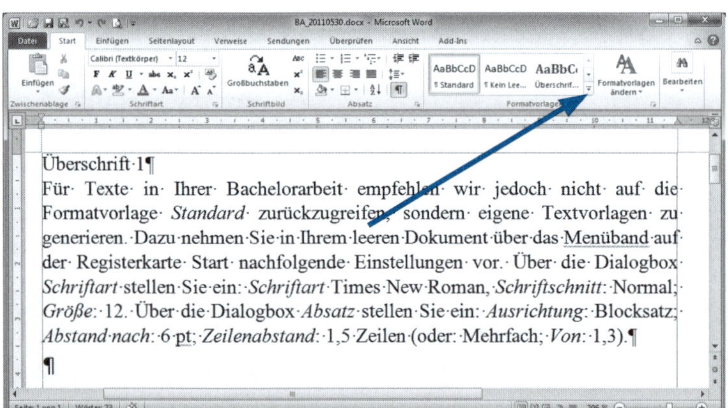

Abb. 38: Neue Formatvorlage generieren

Geben Sie der Formatvorlage den Namen *Textkörper*, indem Sie mit der linken Maustaste im Menüband auf der Registerkarte *Start* im Feld *Formatvorlagenkatalog* auf den kleinen Pfeil klicken (siehe Pfeil in Abb. 38), dann auf *Formatvorlagen übernehmen...* klicken (siehe Pfeil in Abb. 39) und den blau unterlegten Text in der erscheinenden Eingabebox durch Eintippen des Wortes *Textkörper* (siehe strichlierter Pfeil in Abb. 39) mit anschließendem Drücken der Taste *Neu* ersetzen. Nun haben Sie eine neue Formatvorlage *Textköper* generiert, die Sie Ihrem „normalen" Text in der Bachelorarbeit zuweisen können.

Abb. 39: Neue Formatvorlage *Textkörper* zuweisen

Für die Schriftformatierung der Formatvorlage Überschrift 1 verfahren Sie folgend. Tippen Sie den Text einer Überschrift in Ihr Dokument, markieren Sie diesen und nehmen Sie alle von Ihnen gewünschten Einstellungen vor. In der Dialogbox *Schriftart*: *Schriftart*: Arial; *Schriftschnitt*: Fett; *Größe*: 14; Großbuchstaben (Häkchen). Dialogbox *Absatz*: *Ausrichtung*: Links; *Gliederungsebene*: Ebene 1; *Sondereinzug*: Hängend; *Um*: 0,5 cm; *Abstand nach*: 6 pt; *Zeilenabstand:* 1,5 Zeilen (siehe Abb. 40 links). Auf der Registerkarte *Zeilen- und Seitenumbruch* setzen Sie das Häkchen bei *Absatzkontrolle, Nicht vom nächsten Absatz trennen, Diesen Absatz zusammenhalten, Seitenumbruch oberhalb* (siehe Abb. 40 rechts).

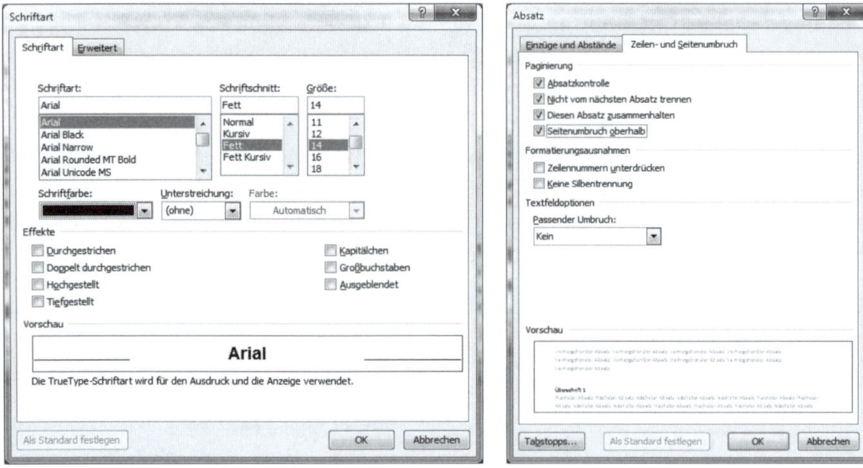

Abb. 40: Einstellungen für Formatvorlage Überschrift 1

Bei den Überschriften der weiteren Ebenen (Überschrift 2; Überschrift 3) verfahren Sie in gleicher Weise. Achten Sie darauf, dass bei der Option *Seitenumbruch oberhalb* kein Häkchen gesetzt ist.

Nun müssen Sie noch die automatische Nummerierung (Gliederung) einstellen. Dazu klicken Sie im Menüband auf der Registerkarte *Start* im Feld *Absatz* auf den kleinen nach unten weisenden Pfeil im Icon *Liste mit mehreren Ebenen* (siehe Pfeil in Abb. 41) und wählen eine entsprechende Vorlage (siehe strichlierter Pfeil in Abb. 41).

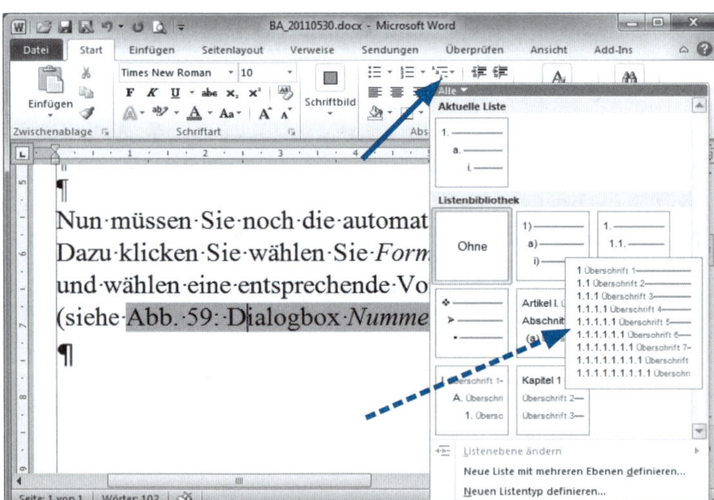

Abb. 41: Dialogbox *Liste mit mehreren Ebenen*

Möglich ist hier auch eine Änderung der Listenebene, die Definition einer neuen Liste mit mehreren Ebenen oder auch die Definition eines neuen Listentyps mit anderen Einstellungen.

Durch Klicken auf *Neue Liste mit mehreren Ebenen definieren…* können Sie eine von den Voreinstellungen abweichende Gliederung generieren. Wählen Sie dazu die einzustellende Ebene nacheinander an (siehe Abb. 42 links oben in der Dialogbox), überprüfen und korrigieren Sie wenn nötig jeweils die *Formatierung für Zahl*. Die Schaltfläche *Erweitern/Reduzieren* eröffnet weitere Einstellungsmöglichkeiten (siehe Pfeil in Abb. 42). Schließen Sie die Dialogbox mit *OK* und kehren Sie zu Ihrer Arbeitsfläche zurück. Formatvorlagen können auch später noch angepasst oder neu erstellt werden. Spätestens jetzt sollten Sie die bisherigen Anpassungen speichern.

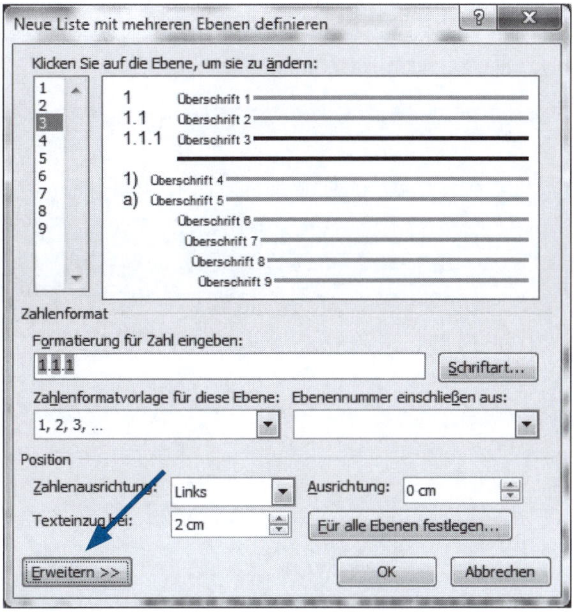

Abb. 42: Gliederung anpassen

4.2.6 Sicherungskopien erstellen

Schließen Sie Ihr Dokument und beantworten Sie die Frage nach einer Speicherung der Änderungen mit *Ja*. Dies ist notwendig, damit Sie eine Sicherungskopie auf USB-Stick anlegen können. Mindestens eine Sicherungskopie Ihrer wichtigen Dateien auf einem externen Datenträger sollten Sie anlegen, weil die auf dem Computer abgelegten Dokumente durch einen Systemabsturz oder die

Beschädigung der Festplatte verloren gehen können. In diesem Zusammenhang müssen auch die Beeinträchtigungen durch Computerviren erwähnt werden, vor allem wenn Sie häufig mit fremden Datenträgern arbeiten, Programme aus dem Internet herunterladen oder E-Mails empfangen. Da auch ein USB-Stick beschädigt sein kann, empfehlen wir Ihnen für Ihre Bachelorarbeit auf jeden Fall eine zweite Sicherungskopie zu erstellen (Übertragung mit USB-Stick auf einen anderen Computer, zu dem Sie Zugang haben, oder beispielsweise per E-Mail an Ihren User Account in der Universität oder Fachhochschule). Stecken Sie Ihren USB-Stick ein, auf der die Datei gesichert werden soll. Wir demonstrieren Ihnen anhand einer auf dem Desktop abgelegten Datei einen einfachen Weg. Markieren Sie die Datei und klicken Sie auf die *rechte Maustaste*, während Sie auf die Datei zeigen. Im folgenden Kontextmenü zeigen Sie auf *Senden an*, folgen dem Pfeil auf das nächste Auswahlmenü und klicken dort auf Ihren USB-Stick (siehe Pfeil in Abb. 43). Ihre Datei wird automatisch als Kopie an den angesteckten USB-Stick ins Hauptverzeichnis geschickt.

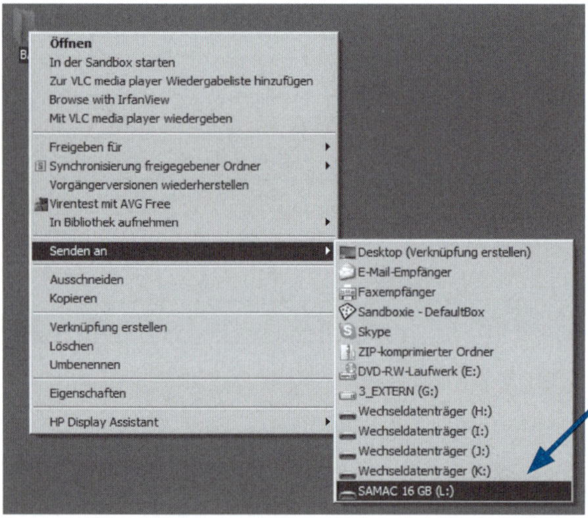

Abb. 43: Sicherungskopie an USB-Stick schicken

Sie können diesen Befehl an jedem Ort ausführen, von dem aus Sie Dateien öffnen können. Direkt in Word klicken Sie dazu auf *Datei/Speichern unter...*, markieren die Datei und wählen über die *rechte Maustaste/Senden an* Ihren USB-Stick. Wenn sich auf dem USB-Stick bereits eine Sicherheitskopie mit diesem Namen befindet, werden Sie über ein Dialogfeld gefragt, ob Sie diese Datei ersetzen wollen. Nachdem Sie geprüft haben, ob die angegebene Datei wirklich ersetzt werden soll, klicken Sie auf *JA*. Dadurch wird die aktuelle Version Ihres Dokuments auf dem USB-Stick gespeichert.

4.3 Die Entstehung der Bachelorarbeit

Um ein ökonomisches Arbeiten sicherzustellen, ist es wichtig, dass Sie Anwendungsfehler vermeiden, wenn Sie Ihre Bachelorarbeit in den Computer eingeben. Geben Sie einen Zeilenumbruch (genauer: neuer Absatz durch Drücken der Enter-Taste) nur dann ein, wenn Sie tatsächlich einen neuen Absatz beginnen wollen, weil sich sonst bei späteren Änderungen ungewollte Verschiebungen in der Dokumentstruktur ergeben, die Sie dann mühevoll ausbessern müssen.

Auch um Anpassungen wie das Einfügen von Seitenumbrüchen (<Strg> und Enter-Taste) müssen Sie sich vorerst nicht kümmern. Da Sie Ihr Dokument wahrscheinlich laufend verändern werden, sollten Sie solche Bearbeitungen erst durchführen, wenn Ihre Arbeit inhaltlich komplett fertig gestellt ist.

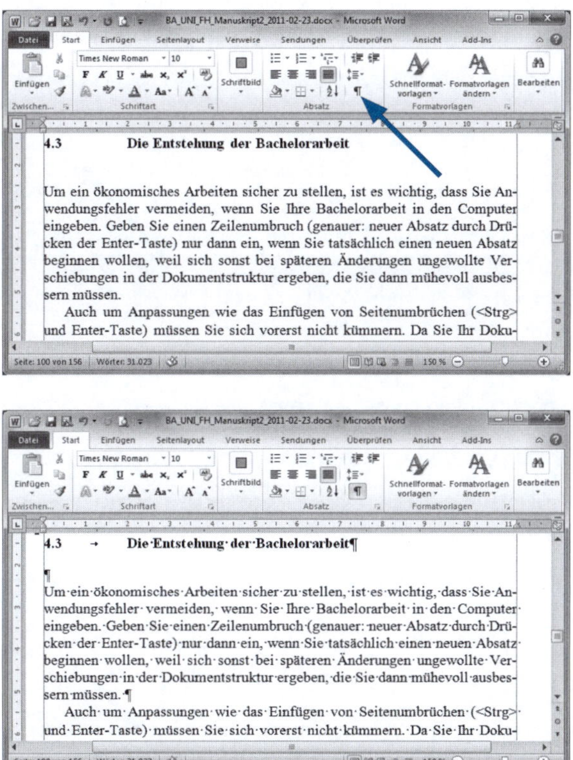

Abb. 44: Anzeigenlassen aller Zeichen

Tipp: Lassen Sie sich in Ihrem Worddokument alle Zeichen anzeigen. Dies erreichen Sie durch Klicken auf die entsprechende Schaltfläche ¶ in der Symbolleiste *Start* (siehe Pfeil in Abb. 44). Somit sind Zeichen für Absatzmarken, Zeilenumbrüche, Leerzeichen, Tabulatoren etc. sichtbar. Das hat den Vorteil, dass Sie beim Löschen von Textteilen nicht unbeabsichtigt solche Zeichen mitlöschen. In Absatzmarken sind beispielsweise sämtliche Formatierungen für den gesamten Absatz gespeichert. Beim Löschen solch einer Absatzmarke werden die Formatierungseinstellungen automatisch auf den nachfolgenden Absatz übertragen, was zu unerwünschten Absatzformatierungen führen kann.

4.3.1 Formatvorlagen verwenden

Schreiben Sie zunächst den Text samt den Überschriften. Erst wenn Sie die Texteingabe für die jeweilige Arbeitsphase beendet haben, bearbeiten Sie die Textpassagen durch Zuweisung der entsprechenden Formatvorlage. Markieren Sie dazu die einzelnen Absätze mit dem Mauszeiger und klicken Sie in der Symbolleiste *Start* auf den Pfeil für den Formatvorlagenkatalog (siehe Pfeil in Abb. 45).

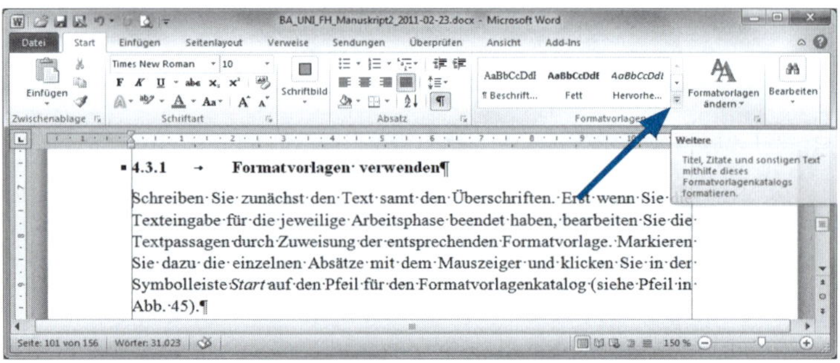

Abb. 45: Formatvorlagenkatalog anzeigen lassen

In der angezeigten Liste wählen Sie nun die entsprechende Formatierung für den markierten Absatz (siehe Abb. 46). Wiederholen Sie diese Schritte für jeden Absatz, den Sie formatieren wollen.

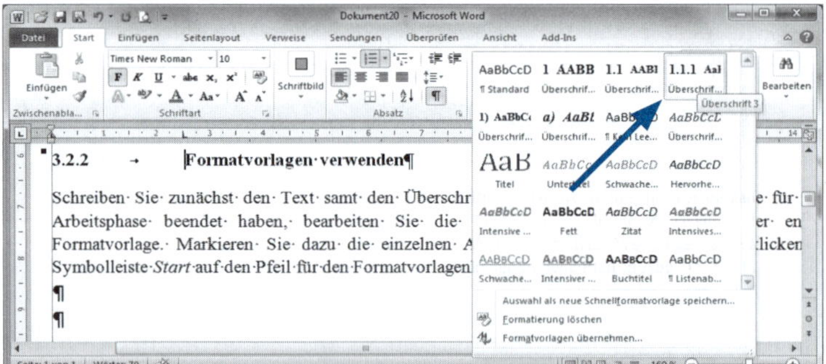

Abb. 46: Zuweisung der Formatvorlage Überschrift *3*

4.3.2 Zusätzliche Gestaltungselemente einfügen

Über die Registerkarte *Einfügen* im Menüband werden Ihnen eine Reihe von Gestaltungselementen für Ihre Arbeit angeboten. Im Folgenden wird beispielhaft das Einfügen von Sonderzeichen und Seitenzahlen beschrieben. Das Wissen darüber, wie Seitenwechsel, Tabellen und Tabstopps eingefügt werden, müssen wir im Sinne einer Straffung dieses Kapitels voraussetzen. Welche weiteren Möglichkeiten Ihnen zur Verfügung stehen, können Sie sich durch Aufrufen der jeweiligen Dialogboxen oder über Benutzung der Direkthilfe anzeigen lassen.

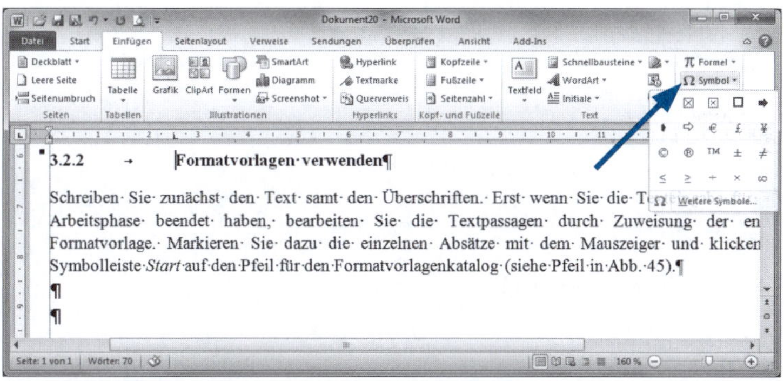

Abb. 47: Aufrufen der Dialogbox *Symbol*

Über die Dialogbox *Symbol* (siehe Pfeil in Abb. 47) erhalten Sie eine Auswahl von nützlichen Zeichen. Durch Markieren (siehe Abb. 48) und den Befehl *Einfügen* wird das gewählte Sonderzeichen dort in das Dokument eingefügt, wo sich gerade die Absatzmarke befindet.

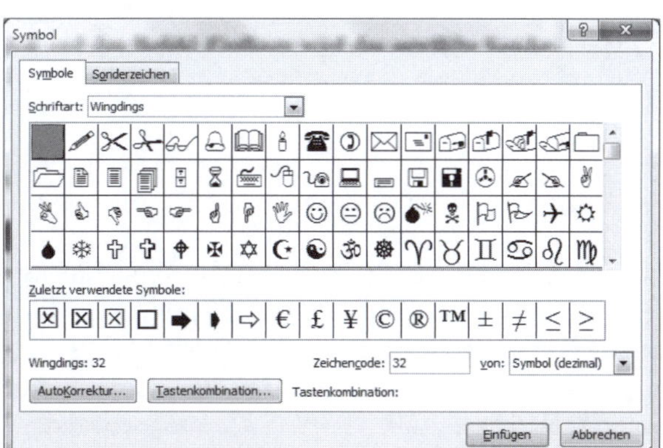

Abb. 48: Dialogbox *Symbol*

Fußnoten können Sie über die Registerkarte *Verweise* im Menüband einfügen. Klicken Sie im Feld *Fußnoten* auf den kleinen Pfeil rechts unten (siehe Pfeil in Abb. 49). Sie haben einige Einstellungsmöglichkeiten zur Auswahl, beispielsweise die Auswahl zwischen einer automatischen Nummerierung und der Anzeige mittels eines Symbols (z. B. eines Sterns), das Sie über *Symbol...*, Markierung des gewählten Symbols und *OK* festlegen (siehe Abb. 50).

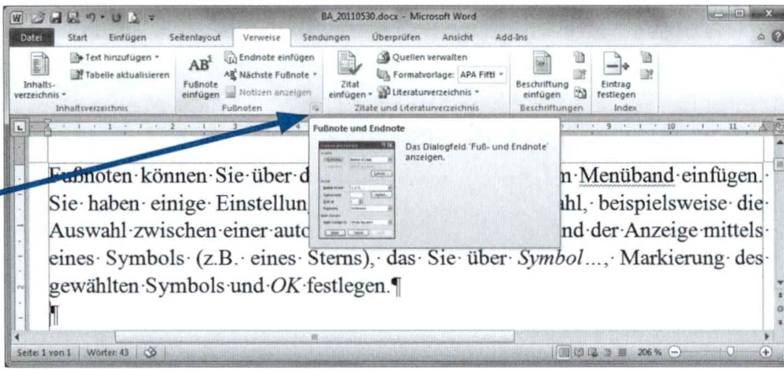

Abb. 49: Fuß- und Endnotenkatalog im Menüband

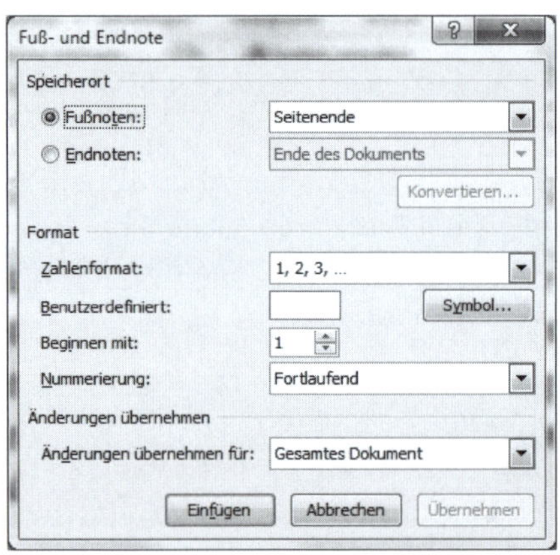

Abb. 50: Fuß- und Endnote

Die Seitenpaginierung in der Kopfzeile fügen Sie über die Registerkarte *Einfügen* im Menüband ein (siehe Pfeil in Abb. 51). Wählen Sie Seitenanfang, wenn Sie die Seitenzahl in der Kopfzeile haben wollen (siehe strichlierter Pfeil in Abb. 51). Im weiteren Auswahlmenü legen Sie das Erscheinungsbild fest (siehe punktierter Pfeil in Abb. 51).

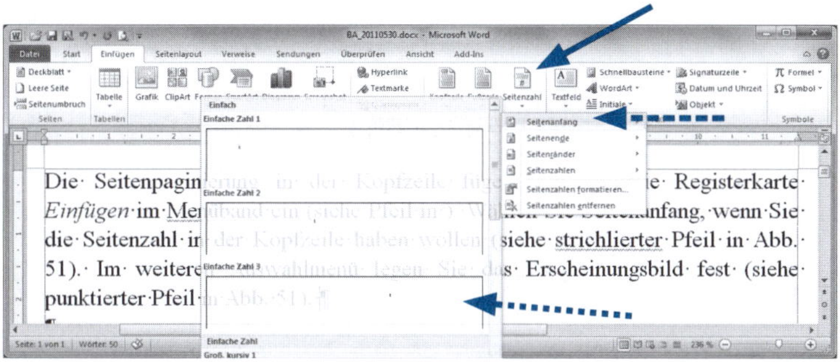

Abb. 51: Seitenpaginierung in Kopfzeile einfügen

Für das Einfügen von Tabellen, Grafiken, Objekten und ähnlichen Gestaltungselementen lesen Sie gegebenenfalls die entsprechenden Einträge in der Word-Hilfe. Das automatische Erstellen eines Inhaltsverzeichnisses wird im Abschnitt 4.4.2 Inhaltsverzeichnis automatisch erstellen ab Seite 97 erklärt.

4.3.3 Die Arbeit am Schluss überprüfen

Wenn Sie Ihre Arbeit soweit fertiggestellt haben, dass Sie inhaltlich keine Veränderungen mehr vornehmen müssen, sollten Sie einen Ausdruck des Dokuments anfertigen, um die Rechtschreibung, den Stil und das Layout überprüfen zu können. Gehen Sie dabei schrittweise vor und nehmen Sie sich ausreichend Zeit dafür.

(01)	Eine Überprüfung der Rechtschreibung durch das integrierte Rechtschreibprogramm kann die persönliche Korrektur nicht ersetzen.
(02)	Überprüfen Sie den Text auf die Notwendigkeit, vor allem lange Wörter am Zeilenende abzutrennen, weil sich durch die Schreibweise im Blockformat oft ein unruhiges Schriftbild ergibt. Hier ist es ratsam, sich nicht auf die automatische Silbentrennung zu verlassen, sondern jede einzelne Abteilung manuell auszuführen.
(03)	Kontrollieren Sie, ob die Formatierungen vor allem bezüglich der unterschiedlichen Gliederungsebenen richtig zugewiesen und auch einheitlich angezeigt werden.
(04)	Unbeabsichtigte Trennungen von Textblöcken können Sie über Format/Absatz/Textfluss vermeiden. Hier gilt insbesondere, dass am Anfang und Ende einer Seite keine einzelne Zeile stehen soll.
(05)	Überprüfen Sie, ob alle Querverweise noch mit den entsprechenden Textpassagen übereinstimmen. Hier könnten sich durch Überarbeitungen Fehler eingeschlichen haben. Wenn Sie bereits ein Inhaltsverzeichnis erstellt haben, vergleichen Sie auch dort die einzelnen Seitenzahlen mit den Dokumentseiten.

Tab. 24: Tipps zur Überprüfung des Dokuments

Gerade bei diesem Arbeitsschritt zeigen sich die Tücken der elektronischen Textverarbeitung besonders deutlich. Scheuen Sie sich nicht um Hilfe zu bitten, wenn Sie Fehler alleine nicht beheben können. Oft müssen sogar erfahrene Programmanwender ihr ganzes Wissen dafür aufwenden oder Tricks einsetzen.

4.4 Die effiziente Nutzung von Word

Dieser Abschnitt richtet sich vor allem an jene Verfasserinnen und Verfasser von Bachelorarbeiten, die mit den grundsätzlichen Funktionen und bisher beschriebenen Formatierungen in Word gut zurechtkommen. Wesentlich ist, dass Sie Ihre Bachelorarbeit unter Einsatz von Formatvorlagen geschrieben haben müssen, um die folgenden Arbeitserleichterungen nutzen zu können.

4.4.1 Die Gliederungsansicht benutzen

In der Gliederungsansicht können Sie nicht nur gezielt einzelne Gliederungsebenen ausblenden, um einen besseren Überblick über Ihre Arbeit zu bekommen. Dort ist auch das Verschieben oder das Ändern der zugeordneten Ebenen einzelner Textblöcke besonders einfach. Die Reihenfolge Ihrer einzelnen Kapitel ist per Drag and Drop schnell und einfach zu ändern.

Wenn Sie im Menüband auf der Registerkarte *Ansicht* auf *Gliederung* klicken, ändert sich die Anzeige Ihres Dokuments und die Registerkarte *Gliederung* wird eingeblendet (siehe Abb. 52). Wahlweise können Sie die Gliederungsansicht gleich direkt ansteuern, wenn Sie im Wordrahmen rechts unten auf das entsprechende Symbol klicken (siehe punktierter Pfeil rechts in Abb. 52). Wie Ihr Dokument jetzt angezeigt wird, ist abhängig von der Einstellung, die Sie aber sehr schnell über die Schaltflächen der neu dazugekommenen Symbolleiste ändern können. Die Funktion einzelner Schaltflächen erfahren Sie wie bereits beschrieben über die Direkthilfe. Wir empfehlen, die Gliederung erst einmal nur bis zur Ebene 3 anzeigen zu lassen (strichlierter Pfeil in Abb. 52).

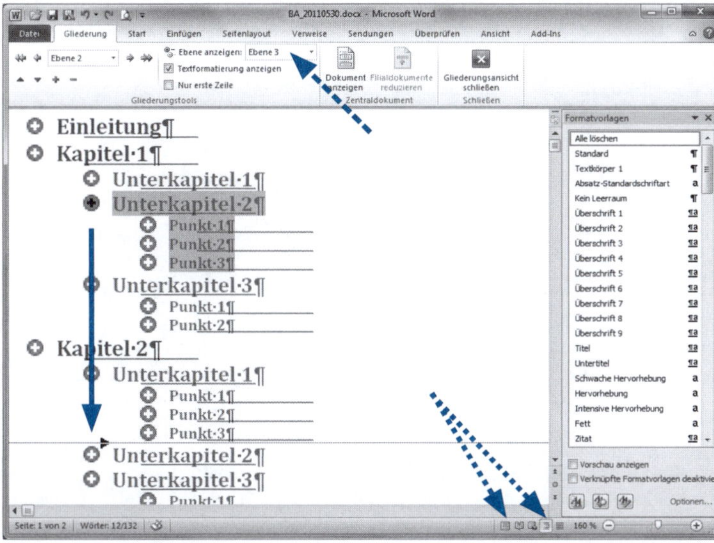

Abb. 52: Gliederungsansicht

Überschriften mit den dazugehörenden Textblöcken verschieben Sie, indem Sie ein oder mehrere Textelemente markieren (durch Klick auf das vor einer Überschrift stehende Pluszeichen – ein Minuszeichen sehen Sie, wenn noch kein Text unter einer Überschrift getippt wurde) und anschließend bei gedrückter Maustaste vertikal oder horizontal auf den richtigen Platz ziehen (siehe Pfeil in Abb. 52). Bevor Sie diese Art der Textbearbeitung ausprobieren, sollten Sie Ihre Arbeit gespeichert und gesichert haben. Dann können Sie notfalls das Dokument schließen ohne es zu speichern, falls beim Verschieben und Ändern Ihr Dokument durcheinander gerät. Zur gewohnten Seitenlayout-Ansicht kommen Sie durch Klick auf das entsprechende Symbol rechts unten (siehe punktierte Pfeile in Abb. 52).

4.4.2 Inhaltsverzeichnis automatisch erstellen

Durch die Anwendung von Formatvorlagen, im Besonderen bei Überschriften und Beschriftungen für Abbildungen und Tabellen, ist der Computer in der Lage automatisch Verzeichnisse zu erstellen. Über die Registerkarte *Verweise* kommen Sie zur Dialogbox *Inhaltsverzeichnis*, die Ihnen die Auswahl eines gewünschten Inhaltsverzeichnisses ermöglicht (siehe Pfeil in Abb. 53).

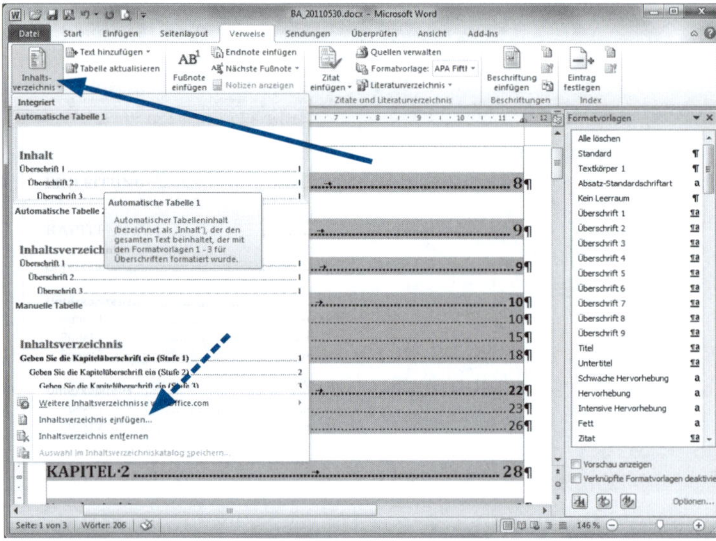

Abb. 53: Automatisches Inhaltsverzeichnis

Bei Bedarf ist es möglich, eine eigene Formatierung des Inhaltsverzeichnisses vorzunehmen. Dazu wählen Sie die Option *Inhaltsverzeichnis einfügen...* (siehe strichlierter Pfeil in Abb. 53). In der erscheinenden Dialogbox nehmen Sie die entsprechenden Einstellungen vor (siehe Abb. 54).

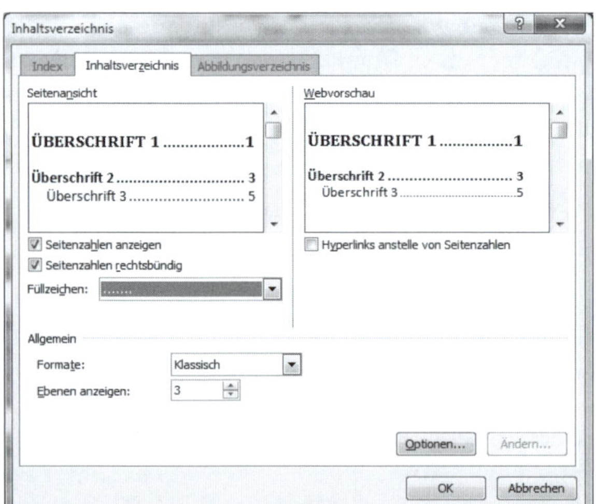

Abb. 54: Einstellungen zum Inhaltsverzeichnis

Bei Ihrer Bachelorarbeit sollten Sie die Option *Formate: Klassisch* wählen (siehe Abb. 54). Im automatisch generierten Inhaltsverzeichnis müssen Sie nun lediglich die Überschrift 2 auf *nicht fett* ändern. Die Vorgehensweise dafür kennen Sie (Formatvorlage anpassen).

4.4.3 Darstellungsbeschriftungen und -verzeichnisse

Für das Beschriften von Darstellungen (Abbildungen, Tabellen, Formeln etc.) wählen Sie im Menüband auf der Registerkarte *Verweise* die Dialogbox *Beschriftung einfügen* (siehe Pfeil in Abb. 55).

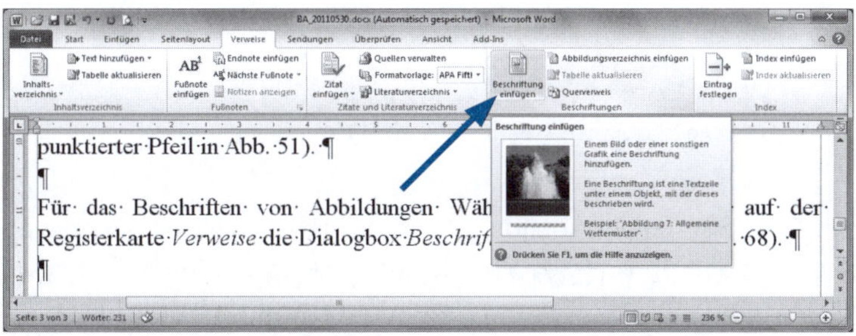

Abb. 55: Beschriftung von Darstellungen

Je nachdem, was Sie beschriften wollen, wählen Sie mit Hilfe des nach unten weisenden kleinen schwarzen Pfeiles im Feld *Bezeichnung* die gewünschte Bezeichnungsart (Abbildung, Tabelle, Formel etc.). Sie können auch eine neue Bezeichnung generieren (z. B. *Abb.* oder *Tab.*) oder das Format der Nummerierung ändern (siehe Pfeile in Abb. 56). Für die Beschriftung von Tabellen oder Formeln etc. gehen Sie analog vor.

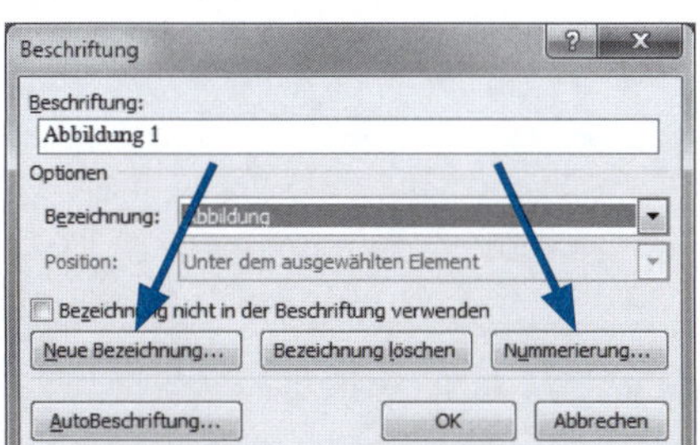

Abb. 56: Dialogbox *Beschriftung*

Wollen Sie nun ein Abbildungs- oder auch Tabellenverzeichnis generieren, setzen Sie die Absatzmarke an die Stelle, wo dieses eingefügt werden soll, und klicken im Menüband auf der Registerkarte Verweise auf die Schaltfläche *Abbildungsverzeichnis einfügen* (siehe Pfeil in Abb. 57).

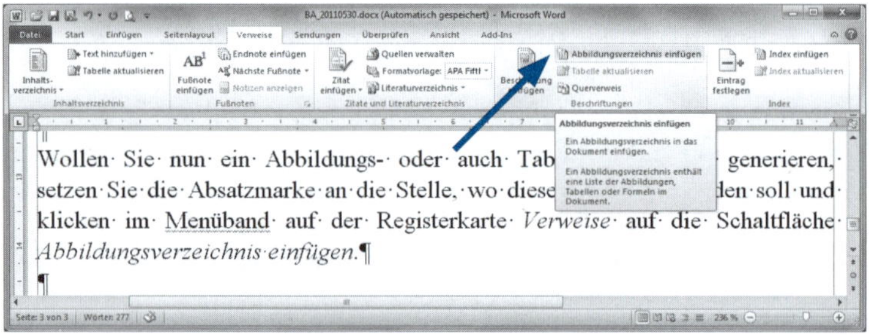

Abb. 57: Automatisches Abbildungsverzeichnis einfügen

Je nachdem, ob Sie nun ein Abbildungsverzeichnis erstellen wollen oder ein Tabellenverzeichnis oder ein anderes Verzeichnis, wählen Sie in der Dialogbox unter *Beschriftungskategorie* die entsprechende Möglichkeit (siehe Pfeil in Abb. 58).

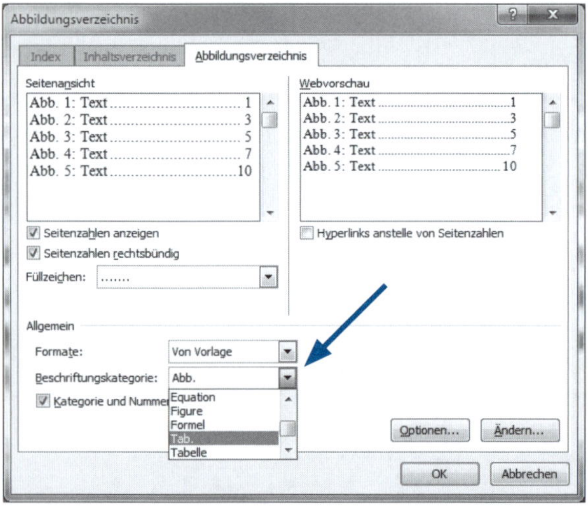

Abb. 58: Auswahl des entsprechenden Verzeichnisses

4.4.4 Querverweise

Wollen Sie in Ihrer Bachelorarbeit auf einen Teil Ihrer Arbeit verweisen, der entweder weiter vorne oder weiter hinten steht, können Sie einen Querverweis einfügen.

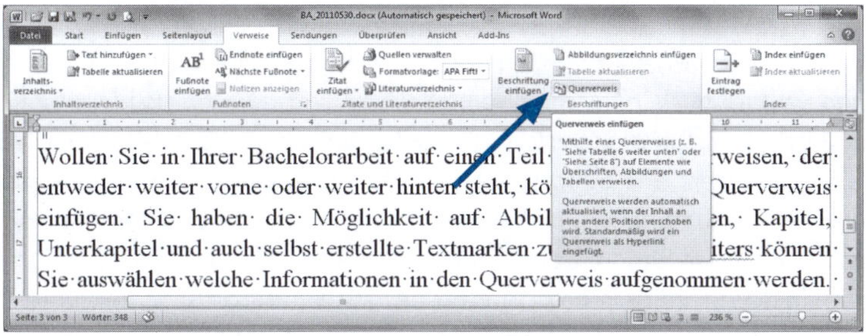

Abb. 59: Querverweis einfügen

Sie haben die Möglichkeit auf Abbildungen, Tabellen, Kapitel, Unterkapitel und auch selbst erstellte Textmarken zu verweisen. Des Weiteren können Sie auswählen, welche Informationen in den Querverweis aufgenommen werden. Beispielsweise ausschließlich die Kategorie oder die Kategorie mit der Nummern- und Seitenangabe etc. Wählen Sie dazu auf der Registerkarte *Verweise* die Schaltfläche *Querverweis* (siehe Pfeil in Abb. 59). In weiterer Folge wählen Sie in der Dialogbox *Querverweis* den entsprechenden *Verweistyp* (siehe Pfeil links in Abb. 60) und die gewünschten Informationen im Querverweis (siehe Pfeil rechts in Abb. 60).

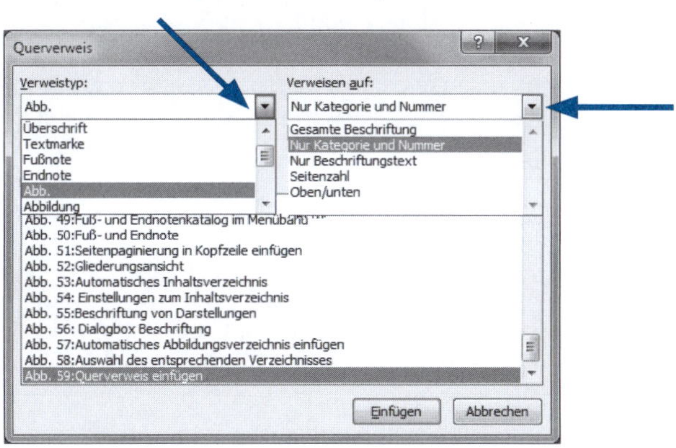

Abb. 60: Verweistyp

4.4.5 Weitere Programmfunktionen nutzen

Microsoft® Word bietet eine Reihe komplexer Programmfunktionen an, welche den Schreib- und Gestaltungsprozess erheblich erleichtern können. Hier sei nur auf einige verwiesen: (1) Sie können Kopfzeilen erstellen, die zusätzlich zur Seitenangabe die jeweilige Kapitelüberschrift enthalten. Dazu ist es notwendig, jedes Kapitel mit einem Abschnittswechsel zu beenden. (2) Das Literaturverzeichnis wird über *Tabelle/Sortieren...* automatisch sortiert. (3) Formatvorlagen lassen sich während des Schreibens jederzeit ändern. Alle bereits geschriebenen Texte des Dokuments werden automatisch an die geänderte Formatvorlage angepasst. (4) Sie können über *Tabelle/Umwandeln* aus Tabellen einen fortlaufenden Text und umgekehrt formatieren. (5) Umfangreiche Dokumente (z. B. durch viele Abbildungen etc.) können in Filial- und Zentraldokumente aufgeteilt werden. (6) Ab der Version 2010 sind auch automatisierte Zitationen und Literaturverzeichnisse möglich.

Eine detaillierte Beschreibung der Programmfunktionen und der einzelnen Arbeitsschritte ist hier nicht möglich. Falls Sie einen solchen Einsatz für Ihre Bachelorarbeit für sinnvoll halten, werden Sie ausreichende Quellen und Unterstützung dafür finden. Am besten beginnen Sie mit der integrierten Word-Hilfe.

5 Zu den Quellen und zur Zitation

Quellen aus erster Hand sind solche Argumentationen, Behauptungen, Belege und Beweise, die sich auf eine Autorin bzw. einen Autor zurückführen lassen, die diese bzw. dieser nicht zitiert hat und die sich daher in seinem persönlichen Eigentum befinden (auch Primärquelle bzw. Originalausgabe genannt)[67]. Quellen aus zweiter Hand greifen immer auf die Originalausgabe zurück. Quellen aus dritter Hand stammen hingegen von Autoren, die ihrerseits auf Quellen zweiter Hand zurückgreifen.

Es gilt die Regel: (1) Wann immer es möglich ist, sollte auf die Primärquelle zurückgegriffen werden. (2) Wenn der Zugriff nicht (mehr) möglich ist (u.U. muss damit auch gerechnet werden), kann die Sekundärquelle herangezogen werden. (3) Auf Tertiärquellen sollte, wenn möglich, verzichtet werden, da sie meist eine sehr unsichere Angelegenheit sind und aus Zitaten bestehen, die ihrerseits wieder aus Zitaten zusammengesetzt sind. (4) Zudem gilt die sogenannte „Aufwärtsregel". Zur Beweisführung der eigenen Aussage wird immer auf höherwertige Arbeiten zurückgegriffen. Hat ein Autor eine Diplomarbeit und eine Dissertation verfasst, wäre aus der Dissertation zu zitieren. Für Ihre Bachelorarbeit heißt das konkret: Übernehmen Sie keine Zitate aus anderen Bachelorarbeiten. Sie sollten ausschließlich auf Werke (Fachliteratur) zurückgreifen, die über Ihrer Bachelorarbeit liegen. Unternehmen Sie auch nicht den Versuch, eine Primärquelle zu zitieren, von der bekannt ist, dass Sie auf diese nicht mehr ohne Weiteres Zugriff haben können.

5.1 Quellen in gedruckter Form

Wissenschaftliche Quellen können auch nach der Art ihrer Veröffentlichung in gedruckter Form unterschieden werden. Demzufolge wären der Primärliteratur Monographien, Lehrbücher, Aufsätze in Fachjournalen und in Sammelbänden, Habilitationen und Dissertationen zuzurechnen. Die Primärliteratur ist in aller Regel in einem Verlag publiziert worden und in Bibliotheken einsehbar. Zur Sekundärliteratur zählen Lexika und Enzyklopädien, Zeitschriftenartikel und Kommentare zu Originalen. Der Bereich der Grauen Literatur – darunter versteht man Quellen, die inhaltlich nicht einwandfrei nachvollziehbar sind – umfasst Skripten, unveröffentlichte Manuskripte, Broschüren, Flugblätter, Plakate, Funk und Fernsehen etc. Die meisten Informationen aus dem Internet sind ebenfalls der Grauen Literatur zuzuordnen. Ausnahmen werden unter Punkt 5.3.2 Literaturen in elektronischer Form (Internet), Seite 113, angeführt.

67 Vgl. Eco 2003, S. 70–74

Anhaltspunkte für wissenschaftliche Arbeiten	Anhaltspunkte für inhaltlich relevante Arbeiten
Korrekte Zitation Ausführliche Quellenangaben Wissenschaftlichkeit in der Argumentation Korrekt durchgeführte Empirie	Anerkannter Verlag Angabe anerkannter Quellen Artikel in Sammelbänden namhafter Herausgeber Journalbeiträge (Geleitworte anerkannter Wissenschaftler)

Tab. 25: Anhaltspunkte für wissenschaftliche Arbeiten[68]

In logischer Konsequenz können daher Zitate aus der Grauen Literatur nur als Ergänzung oder zur Illustration verwendet werden, niemals jedoch zur Beweisführung wissenschaftlicher Argumentation. Wann ist nun eine verwendete Literatur wissenschaftlich, richtig oder inhaltlich relevant? Entscheidend ist dabei nicht unbedingt der Bekanntheitsgrad der Autorin bzw. des Autors oder der des Herausgebers eines Werkes. Wir empfehlen Ihnen, bei Unsicherheit diese Fragen mit Ihren betreuenden Lehrpersonen abzuklären. Es gibt jedoch einige Anhaltspunkte, die auf Wissenschaftlichkeit hinweisen (siehe Tab. 25). Bei der Beurteilung eines Lehr- und Sachbuches (Fachbuch) könnten darüber hinaus auch noch folgende Fragen von Interesse sein (siehe Tab. 26).

(01)	Wer ist der Autor?
(02)	Wird vom Autor in diesem Fachbuch eine bestimmte Richtung vertreten?
(03)	Wen zitiert der Autor?
(04)	Wie alt ist das Buch?
(05)	Repräsentiert dieses Werk überwiegend eine Primärquelle? Baut es auf eigenen Untersuchungen auf?
(06)	Zitiert dieses Werk vorwiegend Primärquellen oder vermehrt Sekundärquellen oder gar nicht?
(07)	Wenn dieses Werk vornehmlich Sekundärquellen zitiert[69], ist es (bzw. die Autorin oder der Autor) vertrauenswürdig?
(08)	Handelt es sich um ein Werk mit mehreren Auflagen? Sind die Auflagen erweitert, überarbeitet? Wie alt ist die letzte Auflage?[70]

Tab. 26: Fragen zu einem Fachbuch

68 Vgl. Karmasin & Ribing 2007, S. 78

69 Ein Werk repräsentiert aus vielerlei Gründen so gut wie nie ausschließlich eine Primärquelle.

70 Letzteres spricht dafür, dass es sich um ein viel gelesenes Werk handelt.

Schwierig ist oftmals auch die Unterscheidung zwischen wissenschaftlichen und (berufs-) praktischen Texten. Die Differenzierung dieser beiden Textsorten reflektiert nach RÖBKEN[71] unterschiedliche Spielregeln für das, was als anschlussfähige Kommunikation gilt, markiert aber kein Qualitätsgefälle. Manuskripte, die im (berufs-) praktischen Diskurs anschlussfähig sind, wären es nicht in der primär wissenschaftlichen Debatte und umgekehrt. Folgende Charakteristika zu beiden Textarten können genannt werden:

wissenschaftliche Texte	**(berufs-) praktische Texte**
auf die Scientific Community ausgerichteter Diskurs	auf die Berufspraxis ausgerichteter Diskurs
komplexere Sprache	einfachere, verständlichere Sprache
längere Artikel	kürzere Artikel
sparsam eingesetzte Grafiken (Darstellung von Modellen, von empirischen Ergebnissen)	reichhaltig illustrierte Grafiken
sachliche Argumentationslinien	Gebrauch von Steigerungsformen Checklisten
hohe Anzahl und Qualität der zitierten Literaturquellen	gering ausgeprägter Belegzwang
Fokus auf Erkenntnisgewinn	Fokus auf Problemstellungen mit hoher Aktualität
Theoriekonstruktion	theoretische Anforderungen sind i.d.R. weniger streng
empirische Studien auf Basis weitgehend festgelegter methodischer Standards	methodische Anforderungen sind i.d.R. weniger rigoros, es dominieren anekdotische Evidenzen sowie Erfahrungsberichte aus aktuellen Berufsprojekten
es geht vorrangig um Erkenntnisgewinn, um Entdeckungs-, Begründungs- und Erklärungszusammenhänge	es wird tendenziell mehr Wert auf die Nützlichkeit der Konzepte gelegt, die Artikel münden häufig in konkrete Lösungsvorschläge für Entscheidungsträger im Berufsfeld, die in Form von Praxistipps oder Handlungsanleitungen präsentiert werden

Tab. 27: Unterscheidung zwischen wissenschaftlichen und praktischen Texten

71 2006, S. 258 f.

5.2 Quellen im Internet

Neben den vielen Vorteilen, die das Internet als Quelle bietet, weist es hingegen nicht ausreichend Sicherheit auf, wie das bei gedruckten Büchern und Zeitschriften der Fall ist. Andererseits müssen Sie, wenn Sie Dokumente aus dem Internet zitieren, diese auch in Ihrer Bachelorarbeit kennzeichnen. Versucht man nun, auf die von Ihnen zitierte Seite zuzugreifen, kann es passieren, dass die von Ihnen angegebene Seite nicht mehr auffindbar ist, verändert wurde oder kein Verweis auf eine neue Adresse vorhanden ist. Eine Lösung dieses Problems gibt es noch nicht. Sie müssen vorläufig die Seriosität des Anbieters eines Dokumentes im Internet selbst abschätzen[72] oder den Rat Ihrer betreuenden Lehrpersonen einholen. Um dennoch eine intersubjektive Überprüfung Ihrer Argumentation zu gewährleisten, verlangen manche Beurteiler Ihrer Bachelorarbeit daher die Ausdrucke Ihrer zitierten Internetseiten im Anhang mit einzubinden.

5.3 Zum Literaturverzeichnis

Im Literaturverzeichnis wird lückenlos jede Literatur (Quelle) im Vollbeleg angegeben, die Sie tatsächlich zur Erstellung Ihrer Bachelorarbeit verwendet haben. Jede Quellenangabe im Text muss im Literaturverzeichnis aufgeführt sein. Ausnahme bildet die Graue Literatur, diese wird ausschließlich in der Fußzeile im Vollbeleg angegeben. Literatur, die sie nicht zitiert haben (direkt oder indirekt), hat im Literaturverzeichnis nichts verloren. Das Literaturverzeichnis ist ohne Unterteilung in Bücher, Zeitschriften oder Internetquellen alphabetisch (und dann chronologisch aufsteigend) zu ordnen. Wenn von gleichen Autorinnen und Autoren Literaturen aus demselben Jahr vorliegen, werden der Jahresangabe Kleinbuchstaben angehängt (2007a, 2007b, 2007c).

In der Literatur zum wissenschaftlichen Arbeiten werden die Zitierregeln variantenreich dargestellt und auch kontroversiell diskutiert. Die Autorinnen und Autoren führen aus ihrer Perspektive unterschiedlich gewichtete Gründe für die von ihnen bevorzugte Form an[73]. Egal, für welche Variante Sie sich in Absprache mit Ihren betreuenden Lehrpersonen entscheiden, eine einmal gewählte Form sollte konsequent in der gesamten Bachelorarbeit beibehalten werden.

Wichtig: Halten Sie sich unbedingt an die an Ihrer Universität oder Fachhochschule gültigen Vorschriften für Literaturverzeichnisse und Zitationen.

72 Vgl. Karmasin & Ribing 2007, S. 79

73 Zur Variantendiskussion und zu kritischen Bemerkungen siehe Theisen 1993, S. 179–194; Rossig & Prätsch 2006, S. 124, 131; Brink 2005, 208–223; Bänsch 2003, S. 44–51

In den nachfolgenden Ausführungen lehnen wir uns an den Standard der American Psychological Association (APA) in der neuesten Fassung (APA Publication Manual, 6th Edition 2009) an. Er wird vorwiegend in naturwissenschaftlichen Disziplinen (Scientific Style) angewendet, ist aber in den geisteswissenschaftlichen Disziplinen auch schon vermehrt zu beobachten. Aus Gründen der Übersichtlichkeit sind nicht alle Fälle und Beispiele, die im APA Publication Manual angeführt werden, hier erläutert, sondern nur die wesentlichen Konventionen. In Zweifelsfällen sollte daher das APA Publication Manual bzw. die dazugehörige Internetseite (www.apastyle.org) zur Klärung herangezogen werden.

Der APA Style ist so wie der Harvard Style ein Autor-Jahr-System (beim Quellenverweis), unterscheidet sich aber beispielsweise darin, dass im Literaturverzeichnis nur zitierte Quellen angegeben werden, während beim Harvard Style im Literaturverzeichnis auch nicht zitierte Quellen gefordert werden. Weitere Besonderheiten des APA Style sind beispielsweise: (1) Erscheinungsjahr und Auflage werden in Klammern angegeben, (2) vor dem letzten von mehreren Namen wird das Zeichen „&" gesetzt, (3) Titel (Buch, Sammelwerk, Journal) werden kursiv oder unterstrichen formatiert und nur vor Sammelwerken steht „In", (4) bei Video-Materialien steht nach dem Jahr in eckiger Klammer „[Video]" und (5) die Auflage wird in Klammern gesetzt, jedoch die Journal-Ausgabe-Nr. nicht[74].

5.3.1 Literaturen in Papierform

1) Literaturangabe von Büchern

NACHNAME, Vorname(n) (Erscheinungsjahr): *Titel. Untertitel* (ggf. Auflage). Verlagsort: Verlag

Tab. 28: Literaturangabe von Büchern

ALBS, Norbert (2005): *Wie man Mitarbeiter motiviert – Motivation und Motivationsförderung im Führungsalltag*. Berlin: Cornelsen

GADDES, William (1991): *Lernstörungen und Hirnfunktionen. Eine neuropsychologische Betrachtung*. Berlin: Springer

KALSS, Susanne (2005): *Vorstandshaftung in 15 europäischen Ländern*. Wien: Linde

KOHNSTAMM, Rita (2006): *Praktische Kinderpsychologie. Die ersten 7 Jahre: Eine Einführung für Eltern, Erzieher und Lehrer* (4., vollständig überarbeitete Aufl.). Bern: Huber

MIKL-HORKE, Gertraude (2008): *Sozialwissenschaftliche Perspektiven der Wirtschaft*. München: Oldenbourg

74 Vgl. ROSSIG & PRÄTSCH 2006, S. 118 f.

2) Literaturangabe von Beiträgen in Büchern (Sammelbänden)

NACHNAME, Vorname(n) (Erscheinungsjahr): Titel. Untertitel. In: Herausgeber (Hrsg.): *Titel des Sammelbandes* (Seitenzahlen). Verlagsort: Verlag

Tab. 29: Literaturangabe von Beiträgen in Büchern (Sammelbänden)

DREHER, Walter (1991): Anthropologische Fragen angesichts schwerster Behinderung. In: Andreas FRÖHLICH (Hrsg.): *Pädagogik bei schwerster Behinderung* (S. 60–69). Berlin: Ed. Marhold im Wiss.-Verl. Spiess

NOLLMANN, Gerd (2008): Klassen. In: Nina BAUR, Hermann KORTE, Martina LÖW, Markus SCHROER (Hrsg.): *Handbuch Soziologie* (S. 183–201). Wiesbaden: Verlag für Sozialwissenschaften

TELLER, Christoph (2006): Phänomene der Distributionsforschung im Spannungsfeld zwischen Akquisition und Logistik. In: Peter SCHNEDLITZ, u. a. (Hrsg.): *Innovationen in Marketing und Handel* (S. 189–191). Wien: Linde

WESTMEYER, Hans (2006): Wissenschaftstheoretische und erkenntnistheoretische Grundlagen. In: Franz PETERMANN, Michael EID (Hrsg.): *Handbuch der Psychologischen Diagnostik* (S. 35–46). Göttingen: Hogrefe

WINTER, Rainer (2009): Cultural Studies. In: Georg KNEER, Markus SCHROER (Hrsg.): *Handbuch Soziologische Theorien* (S. 67–86). Wiesbaden: Verlag für Sozialwissenschaften

3) Literaturangaben von Zeitschriften mit Jahrgangs-/Bandpaginierung

NACHNAME, Vorname (Erscheinungsjahr): Titel. *Name der Zeitschrift, Jahrgang,* Seitenangaben

Tab. 30: Literaturangabe von Zeitschriften mit Jahrgangs- bzw. Bandpaginierung

BÜCHNER, Robert, BÜCHNER, Regine, LENGEMANN, Reinhard (2010): Schule für körperbehinderte Kinder in der DDR. Geschichte aus der Schulleiterperspektive. *Zeitschrift für Heilpädagogik, 61*, S. 342–350

FRIEDRICH, Gerhard (2010): Mathematik und Bewegung. Zahlen Schritt für Schritt entdecken und erforschen auf dem Zahlenweg. *Praxis der Psychomotorik, 35*, S. 140–144

GNIEWOSZ, Burkhard (2010): Die Konstruktion des akademischen Selbstkonzeptes. *Zeitschrift für Entwicklungspsychologie und Pädagogische Psychologie, 42*, S. 123–132

KARGER, Susanne (2007): Language Profiles and Naming in Children with Word Finding Difficulties. *Folia Phoniatrica et Logopaedica*, Jg. S. 318–328

KRICK, Florian (2010): Das Bewegungsfeld „Bewegen an Geräten – Turnen" im Spiegel von Lehrplan und Bildungsstandards. *Sportunterricht, 59,* S. 258–263
KNAPP, Andreas, ROST, Detlef H. (2010): Wie Schülerinnen und Schüler ihre Lernumwelt wahrnehmen. *German Journal of Educational Psychology, 24,* S. 111–122
RUMERSKIRCH, Udo (1996): Diplomat in Uniform. ÖMZ, *3,* S. 271–276
WOLBRING, Tobias (2010): Weshalb die Separierung von Produktivitätseffekten und Diskriminierung bei der studentischen Lehrveranstaltungsbewertung misslingt. *Kölner Zeitschrift für Soziologie und Sozialpsychologie, 62,* S. 317–326

4) Literaturangaben von Zeitschriften mit heftweiser Paginierung

NACHNAME, Vorname (Erscheinungsjahr): Titel. *Name der Zeitschrift, Jahrgang* (Heft), Seitenangaben

Tab. 31: Literaturangabe von Zeitschriften mit heftweiser Paginierung

JUST, Peter (2009): Bevölkerungspolitik in Thailand, *Praxis Geographie, 40* (9), S. 44–48
KARGER, Susanne (2008): Integrating the Acoustics of Running Speech into the Pure Tone Audiogram. *Folia Phoniatrica et Logopaedica,* Jg. (2), S. 25–32
KIRSCHNER, Peter (2010): Gold wird im Kopf gewonnen. *Bewegungserziehung, 64* (4), S. 21–25
REUTTERER, Thomas, TELLER, Christoph (2009): Store format choice and shopping trip types. *International Journal of Retail and Distribution Management, 37* (8), S. 695–710
LENGERSDORF, Diana, MEUSER, Michael (2010): Wandel von Arbeit – Wandel von Männlichkeiten. Österreichische Zeitschrift für Soziologie, *35* (2), S. 89–103
PLASS, Jürgen (2010): Natur- und Umweltschutz. *Zeitschrift für Ökologie, 32* (3), S. 28–35
TENZER, Eva (2010): Warum wir kaufen, was wir kaufen. *Psychologie heute, 37* (5), S. 38–41
WALPER, Sabine, KÖLLER, Olaf, LEWALTER, Doris, SPANGLER, Gottfried (2010): Die Bindungen von Kindern. *Psychologie in Erziehung und Unterricht, 57,* S. 21–29

5) Literaturangaben von Themenheften von Zeitschriften

NACHNAME, Vorname (Erscheinungsjahr): Titel [Themenheft]. *Name der Zeitschrift, Jahrgang* (Heft)

Tab. 32: Literaturangabe von Themenheften von Zeitschriften

BLÜMEL, Klaus (2008): Verwaltungsentwicklung., 10 Jahre Fachhochschul-Studiengang „Militärische Führung" [Themenheft]. *Miles, Armis et Litteris, 19*, S. 169–178

DALE, Philip (2008): The Bilingual Child [Themenheft]. *Journal of Child Language, 35* (3)

DORALT, Peter (Hrsg.) (2006): 100 Jahre GmbH [Sonderheft]. *Der Gesellschafter*, 35 (keine Heftzählung)

HUISMAN, Martin (2009): Reisen [Themenheft]. *Unterricht Biologie, 33* (5)

KIRCHNER, Constanze, KIRSCHENMANN, Johannes (Hrsg.) (2009): Orientierung im Kunstpädagogischen Handeln [Themenheft]. *Kunst + Unterricht, 62* (334/335)

KRAUTZ, Jochen (2008): Gefühle verbinden Menschen [Digitale Fotografie]. *Kunst und Unterricht*, 2008 (319)

MEISE Ullrich(2003): Gender Mainstreaming [Themenheft]. *Neuropsychiatrie 17* (3+4)

SCHMITT, Rudolf (Hrsg.) (2007): Eine Welt in der Schule [Themenheft]. *Grundschulmagazin, 07* (7)

WALPER, Sabine u. a. (Hrsg.) (2010): Aggression und Gewalt in der Schule [Themenheft]. *Psychologie in Erziehung und Unterricht, 57* (2)

6) Literaturangaben von Forschungsberichten und Dissertationen

NACHNAME, Vorname(n) (Erscheinungsjahr): *Titel. Untertitel* (ggf. Reihe). Ort: Hochschule, ggf. Institut

Tab. 33: Literaturangabe von Forschungsberichten und Dissertationen

BAUMANN, Susanne (2010): *Möglichkeiten steuerlicher Familienförderung, Bestandsaufnahme und Analyse der derzeitigen Systematik mit steuerpolitischem Ausblick*. Wien, Wirtschaftsuniversität: Dissertation

BUCHEGGER, Anita. (2009): *Evaluierung Elternteilzeit. Die Sichtweisen von Eltern, Unternehmen und ExpertInnen zur Neuregelung der Elternteilzeit*, Forschungsbericht, ÖIF Wien

CHRISTODOULIDOU, Melina (2004): *Legasthenikerbetreuung – eine pädagogische Verpflichtung am Beispiel der griechischsprachigen Grundschulen Nikosias (Zypern)*. Wien: Universität Wien, Dissertation an der Fakultät für Human- und Sozialwissenschaft

KÖNIG, Holger (2002): *Forschungsbericht zur schulischen Sozialisation. Kinder und Jugend.* Leipzig: Universität Leipzig, Institut für Soziologie

KRAUSS, Cornelia (1981): *Kommunikationsmangel und Sprachskepsis in der Dialogtechnik österreichischer Autoren: Hofmannsthal – Horvath – Handke.* Universität Wien: Dissertation

MEYER, Christine S. (2009): *Diagnostik sozial-emotionaler Kompetenz im Rahmen der Intelligence and Development Scales.* Universität Basel: Dissertation

NABER, Daniel (2009): *Aggression und Suizidalität bei schizophrenen Patienten mit und ohne komorbide substanzbezogene Störungen.* Hamburg, Universitätsklinikum Hamburg-Eppendorf: Dissertation

NEUSCHAEFER-RUBE, Christiane (2008): *Phoniatrie und Pädaudiologie.* Berlin: Freie Universität Berlin

NIENHAUS, Katja (2004): *Diagnostik und Differentialdiagnostik der Borderline-Persönlichkeitsstörung.* Trier: Universität Trier, Institut für Psychologie

WOCKEN, Hans (2005): *Andere Länder, andere Schüler. Vergleichende Untersuchungen von Förderschülern in den Bundesländern Brandenburg, Hamburg und Niedersachen.* Potsdam: Forschungsbericht

7) Angaben von (unveröffentlichten) Vorträgen und Konferenzberichten

BENDER, Anton (2003). *Emotionen in Austauschsituationen. Kognitive Konzepte und soziale Regeln in Tonga.* Arbeitsgruppe Kognitive Anthropologie. Heidelberg, Institut für Ethnologie

BERGER, Doris (2007): Retailovation. How to create a true customer experience for all senses. In: Hemmington, Nigel (Hrsg.): *Extraordinary Experience Conference,* 2.-4. September in Bournemouth. Eigenverlag. S. 30–31

BOHL, Thorsten (Juni 1999): *Forschungsansatz und Organisation.* Protokoll der 1. Tagung des Forschungsprojektes Forschungsmethodische, historische und begriffliche Grundlegung an der Wilhelm-Hauff-Realschule Pfullingen.

DEISER, Roland (2010, März): *Designing the Smart Organization.* Vortrag an der Hauptuniversität Innsbruck

ENKER, Ina Carolin (2006, Jänner): *Medizin für den Hausfrauengebrauch?* Vortrag auf dem Freiburger Ärztinnenforum – Regionalgruppe Südbaden in der Bezirksärtzekammer Südbaden

FROHN, Josef (2000, April): *Koedukation im Sportunterricht an Hauptschulen?* Vortrag auf dem 2. Kongress des Deutschen Sportlehrerverbands in Augsburg

FUXJÄGER, Anton (2006, Mai): *Falsche Fährten in Film und Fernsehen: Ein Konferenzbericht.* Vortrag zur internationalen film- und medienwissenschaftlichen Konferenz der Universität Wien

MIKL-HORKE, Gertraude (2006): *Environment and Action. Social Lamarckism and Human Evolution.* Tagung „The Evolution of Human Sociality", Innsbruck, Österreich, 08.06.–10.06.

SAMAC, Klaus (2000, September): Management in Schule und Wirtschaft. In: LEOPOLD FRANZENS UNIVERSITÄT INNSBRUCK (Hg.): Internationale Tagung Qualitätssicherung und Qualitätsentwicklung in der Lehrer/innen/bildung. Abstracts. Innsbruck. S. 4 f.

TOELLE, Jutta (2007, März): *Wie europäisch ist die Oper? Das Musiktheater als Zugang zu einer kulturellen Topographie Europas.* Konferenz an der Österreichischen Akademie der Wissenschaften

8) Angaben von Gesetzen und Verordnungen

ALLGEMEINES BÜRGERLICHES GESETZBUCH 1812: Österreichisches Bundesgesetz vom 01.01.1812. JGS Nr. 970/1846

DATENSCHUTZGESETZ (DSG) 2000: Österreichischer Gesetzestext, Erläuterungen zur Regierungsvorlage, Ausschußbericht sowie EG-Datenschutz-Richtlinie. BGBl. Nr. 165/1999

DATENSCHUTZGESETZ 2000: Datenschutzgesetz. Österreichischer Gesetzestext; Erläuterungen zur Regierungsvorlage; Ausschlussbericht sowie EG-Datenschutz-Richtlinie. BGBl. Nr. 1978/565. 3. Teil

LEHRPLAN DER HAUPTSCHULE 2000: Verordnung des Bundesministers für Unterricht und kulturelle Angelegenheiten über die Lehrpläne der Hauptschulen; Bekanntmachung der Lehrpläne für den Religionsunterricht an diesen Schulen. Teil II. BGBl. Nr. 134/2000, Österreich

LEHRPLAN DER VOLKSSCHULE 2009: Verordnung der Bundesministerin für Unterricht, Kunst und Kultur, mit welcher die Lehrpläne der Volksschule und der Sonderschule erlassen werden. BGBl. Nr. 290/2008, Österreich

RETTUNGSASSISTENTENGESETZ (RettAssG) 2007: Deutsches Bundesgesetz BGBl I S. 1384 über den Beruf der Rettungsassistentin und des Rettungsassistenten, zuletzt geändert durch Art. 19 G, I 2686

SANITÄTERGESETZ (SanG) 2002: Österreichisches Bundesgesetz über Ausbildung, Tätigkeiten und Beruf der Sanitäter, BGBl. I Nr. 30/2002, Wien

SCHULUNTERRICHTSGESETZ 1986 – SchUG: Österreichisches Bundesgesetz vom 19. März 1986, mit dem das Schulunterrichtsgesetz geändert wird (4. Schulunterrichtsgesetz-Novelle). BGBl. Nr. 211/1986. 83. Stück

SCHULVERANSTALTUNGENVERORDNUNG 1995 – SchVV: Verordnung des Bundesministers für Unterricht und kulturelle Angelegenheiten über Schulveranstaltungen (Schulveranstaltungenverordnung 1995 – SchVV). BGBl. Nr. 498/1995. 162. Stück, Österreich

9) Angaben von Lexika, Enzyklopädien u. Ä.

BROCKHAUS (2006): *Enzyklopädie in dreißig Bänden.* Band 5 (21., völlig neu bearbeitete Auflage). Leipzig: Brockhaus

DIE BIBEL (1980): *Altes und Neues Testament.* Einheitsübersetzung. Freiburg: Herder

DONGES, Jürgen: Vernunft statt Subventionen. In: *Frankfurter Allgemeine Zeitung* vom 19. Oktober 1991. S. 13

DUDEN (2003): *Das große Fremdwörterbuch.* Herkunft und Bedeutung der Fremdwörter (3., überarbeitete Aufl.). Mannheim: Duden

GABLER KOMPAKT-LEXIKON WIRTSCHAFT (2001): *2.700 Begriffe nachschlagen, verstehen, anwenden* (8., vollständig überarbeitete und erweiterte Auflage). Wiesbaden: Gabler

GESCHICHTSLEXIKON (1991): *Daten, Fakten und Zusammenhänge,* hrsg. von Heinrich PLETICHA. Berlin: Cornelsen Verlag Scriptor

LEXIKON DER BIOLOGIE (1999): *Lexikon der Biologie in fünfzehn Bänden.* Band 2. Heidelberg: Spektrum

LEXIKON FAMILIE (2007): *Mehrdeutige und umstrittene Begriffe zu Familie, Leben und ethischen Fragen,* hrsg. vom Päpstlichen Rat für die Familie. Paderborn: Ferdinand Schöningh

LEXIKON PSYCHOLOGIE (2005): *Hundert Grundbegriffe,* hrsg. von Stefan JORDAN und Gunna WENDT. Ditzingen: Reclam

LEXIKON SOZIOLOGIE UND SOZIALTHEORIE (2008): *Hundert Grundbegriffe.* Ditzingen: Reclam

METZLER-PHILOSOPHIE-LEXIKON (1996): *Begriffe und Definitionen,* hrsg. von Peter PRECHTL und Franz-Peter BURKARD. Stuttgart: Metzler

ÖSTERREICHISCHES WÖRTERBUCH (2006): Hrsg. im Auftrag des Bundesministeriums für Bildung, Wissenschaft und Kultur (40., neu bearbeitete Auflage). Wien: öbv&hpt

PERSONEN UND BEGRIFFE VON A–Z (2000): Freiburg in Breisgau: Ploetz

ROCHE LEXIKON (1987): *Medizin* (2., neuerarbeitete Auflage). München: Urban & Schwarzenberg

STATISTISCHES JAHRBUCH 2008 der Wirtschaftskammer Österreich (2009), Wien

TENORTH/TIPPELT (2007): *Lexikon Pädagogik.* Band 1 (1. Auflage). Weinheim: Beltz

TURNHERR (2007): Lexikon *Existentialismus und Existenzphilosophie.* Darmstadt: WBG

5.3.2 Literaturen in elektronischer Form (Internet)

Zitierfähig sind Internetquellen nur dann, wenn die Autoren oder Herausgeber angegeben sind. Websites der User-Enzyklopädie „wikipedia", Websites aus „Werner Stangl's Arbeitsblätter" oder ähnliche Websites sind wegen fehlender Kontrollierbarkeit der wissenschaftlichen Seriosität nur bedingt zitierfähig. Oftmals werden sie der Grauen Literatur zugeordnet. Die bedingte Zitierfähigkeit ist der Tatsache geschuldet, dass sehr viele Websites einem dynamischen Veränderungsprozess unterliegen und daher laufend ergänzt oder modifiziert werden. Viele Befragungen von Kolleginnen und Kollegen aus verschiedenen Hochschulen und Universitäten haben uns gezeigt, dass diese es nicht gerne sehen, wenn Studierende auf solche Websites zurückgreifen, bzw. gestatten sie dies gar nicht beim Verfassen von wissenschaftlichen Zweckschriften. Eine Verwendung in Ihrer Bachelorarbeit sollten Sie unbedingt mit Ihren betreuenden Lehrpersonen klären.

Das Heranziehen von Internet-Online-Quellen sollte daher wegen der Schnelllebigkeit des Mediums mit großer Sparsamkeit erfolgen. Die wichtigste Angabe ist der URL (Uniform Resource Locator), der eindeutig sein muss. Besteht die Möglichkeit alternative URLs anzugeben, so sollte diejenige Adresse angegeben werden, die dem Inhalt der Internetseite oder der verantwortlichen Organisation am nächsten kommt. Es wird empfohlen, nur Quellen einzusetzen, deren Beständigkeit zuverlässig eingeschätzt werden kann. Zudem ist darauf zu achten, dass die zu zitierenden Textstellen eingegrenzt werden können, beispielsweise durch Seitenzahlen bei pdf-Dateien und durch Absatznummerierungen oder Ankerlinks (Textanker) bei html-Dateien. Das sind Links auf eine Textstelle auf derselben Website und an dem Rautezeichen (#) in der Adressierung erkennbar.

Ein weiteres Qualitätsmerkmal für die Zitation einer Webseite[75] ist die Verfügbarkeit von Metadaten im Quelltext der Seite, in denen alle wesentlichen Informationen enthalten sein sollen. Ein besonderes Augenmerk ist auf die Groß- und Kleinschreibung sowie auf die Trennung von Internetadressen zu werfen. Silbentrennungen des URL sind zu vermeiden; sind sie jedoch bei langen URL notwendig, so darf die Trennung nur nach einem Schrägstrich („slash") oder vor einem Punkt durch Einfügen eines Leerzeichens erfolgen; ein Trennstrich („-") darf nicht eingefügt werden.

1) Elektronische Veröffentlichungen basierend auf der Druck-Version

Wenn die Zitation sich auf die Druck-Version eines Artikels oder eines Beitrags bezieht, dieser jedoch nur in der identischen elektronischen Version zur Verfügung steht, so ist es zwar nicht nötig, die dazugehörende URL anzugeben, jedoch ein zusätzliches Service an die Leserschaft. Es kann entweder lediglich nach dem Titel des Beitrags in eckigen Klammern der Verweis auf die verwendete elektronische Version erfolgen:

Bös, Karl, Brehm, Wolfgang (1999): *Gesundheitssport – Abgrenzungen und Ziele* [Elektronische Version]. dvs-Informationen, 14 (2), S. 9–18

75 Viele der angeführten Beispiele stammen aus den Richtlinien zur Manuskriptgestaltung von Konrad Kleiner, http://zsu-schmelz.univie.ac.at/fileadmin/user_upload/spowi/ISW/Abteilungen/Fachdidaktik/Arbeiten/Zitationsrichtlinien.pdf [23.08.2007]

KELLMANN, Manfred (2000): *Psychologische Methoden der Erholungs-Beanspruchungs-Diagnostik* [Elektronische Version]. Deutsche Zeitschrift für Sportmedizin, 51, S. 253–258

SCHREINER, Claudia, BREIT, Simone, SCHWANTNER, Ursula, GRAFENDORFER, Andrea (2007): *PISA 2006. Internationaler Vergleich von Schülerleistungen* [Elektronische Version]. Graz: Leykam

Die Angabe des URL stellt ein besonderes Service an die Leserschaft dar und sollte nach Möglichkeit angegeben werden. Zusätzlich ist das Datum des Abrufs aus dem Internet anzugeben. Die Angabe des Zugriffsdatums erfolgt in eckiger Klammer nach dem Schema Tag, Monat und Jahr. Der Vollbeleg sieht dann folgendermaßen aus:

SCHREINER, Claudia, BREIT, Simone, SCHWANTNER, Ursula, GRAFENDORFER, Andrea (2007): *PISA 2006. Internationaler Vergleich von Schülerleistungen.* Graz: Leykam. URL: http://www.bifie.at/sites/default/ files/publikationen/ 2007-12-04_pisa-2006-studie.pdf [6.3.2009]

VOLKSSCHUL-LEHRPLAN (2003): URL: http://www.bmukk.gv.at/medienpool/14055/lp_vs_komplett.pdf [9.4.2009]

STATISTISCHES JAHRBUCH 2008 der Wirtschaftskammer Österreich (2009). URL: http://wko.at/statistik/jahrbuch//2008_gesamt_de.pdf [9.4.2009]

2) Online-Version nicht identisch mit Druck-Version

Hat man Grund zur Annahme, dass die Online-Version von der Druck-Version hinsichtlich der Formatierung (z. B. ohne Tabellen und Abbildungen) oder der Seitenzahlen abweicht, so ist jedenfalls das Datum des Abrufs aus dem Internet anzugeben. Gleiches gilt für Artikel, die bereits an anderer Stelle veröffentlicht wurden und im Original nicht vorliegen. Die Angabe des Zugriffsdatums erfolgt in eckiger Klammer nach dem Schema Tag, Monat und Jahr:

GRUPE, Oswald (1996): *Kultureller Sinngeber. Die Sportwissenschaft an deutschen Universitäten. Forschung & Lehre*, 3, S. 362–366. URL: http://www.tu-darmstadt.de/dvs/ [6.10.2002]

3) Beiträge einer Online-Zeitschrift (E-Journal)

Existiert neben der html-Version eines reinen E-Journals auch eine pdf-Version, so ist vorzugsweise diese anzugeben, da hier durch die Seitenzahlen eine ausreichende Eingrenzung auf die Textstellen gegeben ist.

Thomas, Manfred, Weller, Vroni, Schulz, Tina, Vörkel, Claudia (2001): Entwicklung einer mr-kompatiblen Schulterlagerungsschiene zur Funktionsuntersuchung der Schulter im offenen Kernspintomographen. Klinische Sportmedizin/Clinical Sports Medicine-Germany, 2 (6), S. 85–93. URL: http://klinische-sportmedizin.de/Auflage2001_6/ Artikel_1_Schulterschiene/Schulterschiene.pdf [23.2.2002]

Pandel, Hans-Jörg (2001): Fachübergreifendes Lernen – Artefakt oder Notwendigkeit? sowie Onlinejournal – Zeitschrift für Sozialwissenschaften und ihre Didaktik, 1. URL: http://www.sowi-onlinejournal.de/2001-1/pandel.htm [25.2.2002]

a) pdf-Version

Sind Artikel als pdf-Dateien nach Absätzen nummeriert und somit die Eingrenzung auf die Textstellen durch diese Paginierung gegeben, so können beide Versionen für die Zitation genutzt werden. Dabei ist dann die Anzahl der Absätze nach dem Jahrgang der Zeitschrift anzugeben (vergleichbar mit der Seiteneingrenzung bei Print-Journals):

Hunger, Inge, Thiele, Jörg (2000): *Qualitative Forschung in der Sportwissenschaft.* Forum Qualitative Sozialforschung/Forum: Qualitative Social Research, 1 (1). URL: http://www.qualitative-research.net/fqs-texte/1-00/1-00hungerthiele-d.pdf [7.2.2001]

b) html-Version

Hunger, Inge, Thiele, Jörg (2000): *Qualitative Forschung in der Sportwissenschaft.* Forum Qualitative Sozialforschung/Forum: Qualitative Social Research, 1 (1), 25 Absätze. URL: http://www.qualitative-research.net/fqs-texte/1-00/1-00hungerthiele-d.htm [7.2.2001]

4) WWW-Seiten

Bei der Zitation von Internetseiten aus dem World Wide Web (WWW) ist vor allem auf die genauen Datumsangaben zu achten. Neben dem Datum des Zugriffs ist das Datum der Erstellung bzw. der Revision (der letzten Aktualisierung) der Seite anzugeben. Das Revisionsdatum ist dem Erstellungsdatum vorzuziehen. Wenn zusätzlich die Versionsnummer der Revision angegeben ist, so kann diese ebenfalls genannt werden. Diese Angaben sollten direkt auf der Seite, in den Metadaten oder in den Informationen über die Seiten enthalten sein. Die Angabe des Erstellungs- bzw. des Revisionsdatums erfolgt nach dem Schema Jahr, Tag und Monat (ausgeschrieben). Das Datum des Zugriffs erfolgt nach dem Schema Tag, Monat und Jahr.

FROMME, Albert, LINNENBECKER, Silvia, THORWESTEN, Ludwig, VÖLKER, Klaus (1998, 19. November): *Bungee-Springen aus sportmedizinischer Sicht*. URL: http://medweb.uni-muenster.de/institute/spmed/aktuell/bungee/bungee.htm [7.2.2002]

GERLACH, Erich (2002, 23. Februar): *Projekt „Sportengagement und Entwicklung von Heranwachsenden. Eine Evaluation des Paderborner Talentmodells"* (Version 1.1). URL: http://sport.uni-paderborn.de/entwicklung/ sportund-entwicklung.html [28.2.2002]

LIPPENS, Valentin (1999, 28. Dezember): *Der Trainer als Experte! Langzeitstudie der Subjektiven Theorien in einer Trainingsgruppe* (1991–1994). URL: http://cosmic.rrz.uni-hamburg.de/webcat/sportwiss/lippens/lip00002/karten.htm [1.3.2002]

AKTION „BEWEGTE SCHULE" (2003, 7. Oktober). URL: http://www.bmukk.gv.at/schulen/pwi/pa/bewegte_schule.xml [9.4.2009]

5.4 Zum Zitieren

Jedes fremde Gedankengut, das Sie in Ihre Bachelorarbeit übernehmen, muss überprüfbar und nachvollziehbar sein. Korrektes Zitieren entspricht der wissenschaftlichen Redlichkeit. Übernommenes fremdes Gedankengut – egal, ob wörtlich (direkt) oder sinngemäß (indirekt) – ist als solches zu kennzeichnen. Eigene Argumentationen, Belege und Befunde müssen von jenen fremder Autoren unterscheidbar sein.

Abschreiben ist erlaubt, jedoch muss genau und redlich zitiert werden[76]. Es zeugt aber von fehlender Auseinandersetzung, gleich ganze Kapitel und Seiten einfach abzuschreiben, auch wenn die Quelle genannt ist. Wissenschaftlich ist hingegen, einzelne Passagen zu zitieren (oder Abbildungen, Tabellen), sie in die Bachelorarbeit als Argumentation, Unterstützung oder Absicherung der eigenen Argumente und Aussagen hineinzunehmen, die Quelle anzugeben und im Literaturverzeichnis anzuführen. „Eine Ausnahme von der Zitierpflicht besteht nur bei allgemein bekanntem Wissen des Fachgebiets."[77] Tatsachen, die Allgemeinwissen repräsentieren (dazu gehört auch das fachliche Grundlagenwissen), werden daher nicht zitiert. Aus diesem Grund sind in Fachbüchern, Lehr- und Sachbüchern, Diplomarbeiten und Dissertationen jene Passagen, die ohnehin seit langem bekannt sind, nicht extra als Zitationen ausgewiesen.

Grundsätzlich gibt es zwei Möglichkeiten ein Zitat aus einer Quelle zu kennzeichnen. Entweder Sie geben die Quelle nach der übernommenen Stelle (1) im Vollbeleg (Quellenangabe) oder (2) im Kurzbeleg (Quellenverweis) an. Quel-

76 Vgl. KARMASIN & RIBING 2007, S. 82
77 ROSSIG & PRÄTSCH 2006, S. 141

len, die im Kurzbeleg angegeben werden, müssen zwangsläufig im Literaturverzeichnis im Vollbeleg angeführt sein, weil der Kurzbeleg nur ein Verweis auf das Literaturverzeichnis sein soll. Wenn Sie Quellen im Vollbeleg anführen, machen Sie das am besten über eine Fußnote. Allerdings sollte lediglich Graue Literatur derart angegeben werden, beispielsweise auch Internetseiten, denen keine Angaben zu Autoren oder Herausgeber zu entnehmen sind[78]. Diese Vorgangsweise sollten Sie jedoch unbedingt mit Ihren betreuenden Lehrpersonen abklären.

Sowohl bei direkter (wörtlicher) Zitation als auch bei indirekter (sinngemäßer) Zitation erfolgt der Quellenverweis als Kurzbeleg durch Anführen des Familiennamens der Autorin oder des Autors, des Erscheinungsjahres des Werkes und der Seite(n), aus der (denen) das direkte oder indirekte Zitat entnommen wurde. Der Quellenverweis verweist auf das Literaturverzeichnis, wo die Literatur im Vollbeleg angegeben ist.

5.4.1 Wörtliche (direkte) Zitate

Bei wörtlichen (direkten) Zitaten werden die Ausführungen des Autors wörtlich übernommen. Sie sind ausnahmslos durch doppelte – typografische – Anführungszeichen („ ") zu kennzeichnen. Diese müssen am Beginn von Zitaten unten, am Ende von Zitaten oben stehen.

Quellenverweis im Text:

> Die heutigen Lehrmethoden unterscheiden sich sehr von denen vor zwanzig Jahren. „Auch in der Hochschuldidaktik ist die Entwicklung nicht stehen geblieben." (SCHWETZ 2010, S. 17)

Quellenverweis in der Fußnote:

> Die heutigen Lehrmethoden unterscheiden sich sehr von denen vor zwanzig Jahren. „Auch in der Hochschuldidaktik ist die Entwicklung nicht stehen geblieben."[1]
>
> ---
>
> 1 SCHWETZ 2010, S. 17

Bei Nennung der Autorin bzw. des Autors im Text:

> Zum Unterschied der heutigen Lehrmethoden zu denen vor zwanzig Jahren führt SCHWETZ (2010, S. 17) aus: „Auch in der Hochschuldidaktik ist die Entwicklung nicht stehen geblieben".

---

78 Vgl. KARMASIN & RIBING 2007, S. 88

Bei Fußnotenzitation:

Zum Unterschied der heutigen Lehrmethoden zu denen vor zwanzig Jahren führt SCHWETZ[2] aus: „Auch in der Hochschuldidaktik ist die Entwicklung nicht stehen geblieben".

---

[2] 2010, S. 17

Bei unseren nachfolgenden Ausführungen bevorzugen wir die Fußnotenzitation. Im Gegensatz zum Quellenverweis im Text (Harvard-Zitierweise) hat diese Form den Vorteil, dass durch den Quellenverweis in der Fußnote der Lesefluss nicht gestört wird. Aufgrund der technischen Möglichkeiten der heutigen Textverarbeitungsprogramme ist das Generieren von Fußnoten auch kein Problem mehr (im Gegensatz zum Schreibmaschinenzeitalter).

Zitate, die länger als zwei Zeilen sind, werden mit einem linken Einzug von 1 cm, in einer Schriftgröße um 1 pt kleiner (hier in diesem Text Schriftgröße 9 Punkt) als der übliche Textkörper und einzeilig formatiert.

„Zumeist werden Sie zu Beginn der Bachelorarbeit die verwendeten zentralen Begriffe definieren und erklären müssen, um zwischen den Leserinnen und Lesern und Ihnen eine gemeinsame Begriffsbasis herzustellen. Dazu kann es notwendig sein, verschiedene Definitionen, Bestimmungen oder Erklärungen ein und desselben Begriffes anzuführen und zu diskutieren. Letztendlich werden Sie sich auf eine Begriffsbestimmung explizit einigen, das dem Leser mitteilen und diesen Begriff dann auch stringent weiter verwenden müssen. Bedenken Sie dabei, dass es in Ihrer gesamten Bachelorarbeit ausschließlich um die Beantwortung der von Ihnen im Problemaufriss angeführten Forschungsfrage(n) geht."[3]

---

[3] SAMAC 2009, S. 9

Auslassungen (Ellipsen) im Zitat (jedoch nicht am Beginn und am Ende) werden durch fortlaufende Punkte in Klammern gekennzeichnet; zwei Punkte für ein ausgelassenes Wort, drei Punkte für mehr als ein Wort:

Zum Unterschied der heutigen Lehrmethoden zu denen vor zwanzig Jahren meint SCHWETZ[4], dass „auch in der Hochschuldidaktik (..) die Entwicklung nicht stehen geblieben" ist.

---

[4] 2010, S. 17

Veränderungen durch die Verfasserin bzw. den Verfasser sind in eckigen Klammern zu verdeutlichen, erkannte (Rechtschreib-) Fehler im Original mit [!] oder [sic!] (d. h. wirklich so). Unterschiedliche Schreibweisen, die auf Rechtschreibreformen zurückzuführen sind, sollten nicht gekennzeichnet werden.

> „Die Befunde lassen den Schlus [!] zu, der Lehrstil …"[5]

Ergänzungen, Interpolationen:

> „Diese [Prüfungsordnung] wurde von der Studienkommission …"[6]

Geänderte Hervorhebungen:

> „Die **Befunde** [Herv. durch Verf.] lassen den Schluss zu, der Lehrstil …"[7]
> „Durch lernerzentrierte [Herv. im Original] Lehrformen kann die Motivation …"[8]

Begriffe (Sogenanntes), die im Original unter Anführungszeichen stehen, werden unter ‚einfache Anführungszeichen' gesetzt (auf der Tastatur rechts neben dem „Ä": <Umschalttaste> + <#>).

> „Mit einem ‚Sammelsurium' an pädagogischen Möglichkeiten …"[9]

Zitate im Zitat (Sekundärzitate) sind analog durch ‚einfache Anführungszeichen' zu kennzeichnen. Die Fundstelle ist durch Angabe der Seitenzahl („S. xx") der Quelle zu präzisieren.

> Hochschule heute sieht anders aus. „Die heutigen Lehrmethoden unterscheiden sich sehr von denen vor zwanzig Jahren. ‚Auch in der Hochschuldidaktik ist die Entwicklung nicht stehen geblieben.' Aus diesem Grund …"[10]
>
> ---
>
> [10] Prenner 2011, S. 43 mit einem Zitat von Schwetz 2010, S. 17

Ausschließliche Sekundärzitate sind wie folgt zu kennzeichnen. Die Fundstelle ist durch Angabe der Seitenzahl („S. xx") der Quelle zu präzisieren.

> Hochschule heute sieht anders aus. „Auch in der Hochschuldidaktik ist die Entwicklung nicht stehen geblieben."[11]
>
> ---
>
> [11] Schwetz 2010, S. 17 zit. in Prenner 2011, S. 43

5.4.2 Sinngemäße (indirekte) Zitate

In diesem Falle übernehmen Sie zwar das Gedankengut anderer Autorinnen und Autoren, übernehmen es aber in freier Übertragung, wobei Sinn und Bedeutung erhalten bleiben müssen. Unkorrekt ist jedenfalls die Übernahme von Textteilen, die gegenüber dem Original nur durch einige Wortumstellungen verändert und als indirekte Zitate gekennzeichnet werden. Sinngemäße (indirekte) Zitate sind unter den verschiedenen Zitierformen am häufigsten anzutreffen. Der Zitatumfang (Anfang und Ende) muss jedenfalls eindeutig erkennbar sein.

> Die heutigen Lehrmethoden unterscheiden sich sehr von denen vor zwanzig Jahren. Wie in den anderen Wissenschaften habe die Entwicklung auch vor der Hochschuldidaktik nicht halt gemacht [12].
>
> ---
>
> [12] Vgl. SCHWETZ 2010, S. 17

Auch bei längeren indirekten Zitaten steht das Fußnotenzeichen am Ende des Zitats (des zitierten Satzes oder Abschnitts), aber nicht hinter einer Überschrift. Zur Kennzeichnung des Zitatbeginns kann es von Vorteil sein, das Zitat mit dem Namen der Autorin bzw. des Autors einzuleiten. Steht dieser in Ihrem Text, schreiben Sie alle weiteren erforderlichen Angaben des Quellenverweises in die Fußnote:

> PRENNER [13] schrieb über die sozialen Beziehungen von Studierenden an Pädagogischen Hochschulen …
>
> ---
>
> [13] 2011, S. 52 f.

Werden mehrere Werke eines Autors aus demselben Publikationsjahr angeführt, so werden diese durch eine ergänzende Kennzeichnung mit Kleinbuchstaben unterschieden:

> Bezüglich der sozialen Beziehungen von Studierenden an tertiären Bildungseinrichtungen wurde betont[14] …
>
> ---
>
> [14] Vgl. SCHWETZ 2010b, S. 84 f.

Im Text werden bei der Nennung von Autorengruppen die Autorennamen durch Komma voneinander getrennt, wobei der letzte Autor durch „und" abgesetzt wird:

Das Lehrbuch von SAMAC, PRENNER und SCHWETZ[15] beschreibt ...

---

[15] 2011, S. 45–52

An Stelle des „und" tritt bei der Literaturangabe in der Fußzeile das Zeichen „&":

Weitere Standardwerke zum wissenschaftlichen Arbeiten[16], welche das Problem ...

---

[16] SAMAC, PRENNER & SCHWETZ 2011

Bei mehr als zwei Autoren werden Autorengruppen bei der Erstnennung vollständig, danach nur noch der erstgenannte Autor mit dem Zusatz „u. a." aufgeführt:

SAMAC, PRENNER und SCHWETZ[17] nennen ... Verschiedentlich wurde betont[18] ...

---

[17] 2011, S. 62

[18] SAMAC u. a. 2011, S. 75 f.

Werden gleichbedeutende Aussagen verschiedener Werke im Text zitiert, werden diese durch einen Strichpunkt (;) voneinander getrennt:

... wird durch empirische Verfahren ermöglicht[19].

---

[19] Vgl. WILLIMCZIK 1999, S. 156; BÖS, HÄNSEL & SCHOTT 2003, S. 79

Klassische Werke werden sowohl mit dem Jahr der Originalausgabe wie mit dem Jahr der verwendeten Publikation zitiert:

... wie bereits LAPLACE[20] in seinem Essay ausführte, sollte ...

---

[20] 1814/1951, S. 7–13

Werke, die noch nicht erschienen sind, von denen Sie aber ein Manuskript haben, werden folgendermaßen angegeben:

SCHWETZ[21] weist darauf hin ...

---

[21] im Druck

5.4.3 Übernahme von Darstellungen

Wie Textzitate werden auch Darstellungen (Grafiken, Tabellen etc.) (1) bei genauer Übernahme direkt oder (2) bei abgeänderter Übernahme indirekt zitiert. Das Fußnotenzeichen steht entweder am Ende des letzten Satzes vor der Darstellung, sofern dieser Satz auf die Darstellung verweist, oder am Ende der Beschriftung (Überschrift oder Unterschrift). Die Quelle ist in das Literaturverzeichnis aufzunehmen.

In die Fußnote schreiben Sie bei genauer Übernahme (kopiert, gescannt, von Ihnen genau reproduziert):

> NACHNAME Jahreszahl, Seitenangabe

Bei abgeänderter Übernahme:

> Vgl. NACHNAME Jahreszahl, Seitenangabe

Möglich sind auch folgende Formen:

> Quelle: NACHNAME Jahreszahl, Seitenangabe

> Abbildung aus: NACHNAME Jahreszahl, Seitenangabe

> Tabelle modifiziert übernommen aus: NACHNAME Jahreszahl, Seitenangabe

> Entnommen aus: NACHNAME Jahreszahl, Seitenangabe

Unformen wie ein Copyrightzeichen © oder andere Irritationen sind zu vermeiden.

6 Präsentieren

Die Präsentation einer Bachelorarbeit kann als Ritual am Ende eines Studiums angesehen werden. Die Prüfungswerberinnen oder Prüfungswerber sollen zeigen, ob sie ihre in vielen Stunden verfasste Arbeit nur nacherzählen oder präsentieren können. In vielen Institutionen gibt es die Verpflichtung zur Präsentation der Bachelorarbeit. Der Eindruck aus Präsentation und wahrgenommener Flexibilität in der Diskussion ist in vielen Fällen Bestandteil der Gesamtbeurteilung einer Bachelorarbeit.

Was sind nun die übergeordneten Ziele für die Planung einer eindrucksvollen Präsentation? In der pädagogischen Literatur[79] werden immer wieder drei Kompetenzbereiche genannt, nämlich (1) Sachkompetenz, (2) Sozialkompetenz und (3) Methodenkompetenz. Dieser Kompetenzkatalog kann auch als Basis für die Planung und Analyse einer Präsentation gewählt werden:

(01)	Sachkompetenz: Die Präsentierenden demonstrieren, dass sie das gewählte Thema frei präsentieren und auf Rückfragen adäquat eingehen können. Die Präsentation ist kein Ablesen und auch keine langweilige Nacherzählung.
(02)	Sozialkompetenz: Die Präsentierenden halten mit den Zuhörenden Blickkontakt. Sie präsentieren für die interessierten Zuhörer und nicht, weil dies eine lästige Verpflichtung ist.
(03)	Methodenkompetenz: Die Präsentierenden sind in der Lage, den Umfang der Arbeit so zu reduzieren, dass für die Zuhörenden ein eindrucksvolles Gesamtbild entsteht und auch noch ein „roter Faden" erkennbar ist.

Tab. 34: Notwendige Präsentationskompetenzen

Was sind also Ihre Ziele im Zusammenhang mit Ihrer Präsentation?

(01)	Wollen Sie Ihre Arbeit bloß nacherzählen oder wollen Sie zeigen, dass Sie in der „Sache", also dem Thema Ihrer Bachelorarbeit, wirklich sattelfest sind?
(02)	Wollen Sie die Präsentation in möglichst kurzer Zeit hinter sich bringen oder wollen Sie sachlich überzeugen und in kurzer Zeit einen interessanten Überblick geben?
(03)	Wollen Sie möglichst schnell Ihren auswendig gelernten Text abspulen um ja nicht stecken zu bleiben oder wollen Sie zeigen, dass Sie gut mit Power Point oder Overhead-Projektor umgehen können und dabei auch noch Blickkontakt zu den Professorinnen und Professoren halten können?

79 Meyer 1994, S. 152; Becker 2007, S. 7

(04)	Wollen Sie wegen Ihrer üblichen Nervosität von Präsentationskärtchen ablesen oder wollen Sie sich sehr gut vorbereiten und frei präsentieren?
(05)	Wollen Sie lieber vor Leuten präsentieren, die nach Möglichkeit nicht gut aufpassen, um etwaige Unsicherheiten nicht zu bemerken, oder wollen Sie für Ihre Präsentation ein hohes Maß an Aufmerksamkeit bei den Zuhörenden bewirken?
(06)	Reicht Ihnen eine gerade noch positive Note oder wollen Sie, dass Professorinnen und Professoren, die schon sechs oder mehr Präsentationen gehört haben, sachlich beeindruckt sind?
(07)	Wollen Sie den letzten Teil Ihres Studiums irgendwie hinter sich bringen oder wollen Sie Ihr Studium mit dem guten Gefühl einer erbrachten Höchstleistung beenden?
(08)	Genügt Ihnen irgendeine positive Note oder wollen Sie die Bestnote erzielen?
(09)	Wollen Sie Ihre Arbeit nur erzählen oder wollen Sie vielleicht Ihre Arbeit aus der „Adlerperspektive" (Metaebene) darstellen und so kritische Kompetenz signalisieren?

Tab. 35: Zielkatalog einer Präsentation

Wenn Sie diese Ziele erreichen wollen, dann müssen Sie sich sehr gut vorbereiten. Im Folgenden werden Tipps gegeben, wie man durch eine professionelle Vorbereitung die Gesamtbeurteilung positiv beeinflussen kann.

Einer professionellen Musikaufführung gehen viel Proben voran. Meistens ist es so, dass die Musiker schon Meister ihres Faches sind und trotzdem ausreichend proben. Beim Reden oder Präsentieren meinen wir hingegen, dass es sich um eine Alltagsaktivität handelt. Viele denken, dass wir ohnedies jeden Tag reden, und glauben deshalb, dass das Reden vor Publikum dem Reden im Alltag ähnelt. Dem ist aber nicht so! Das Reden im Alltag wird nicht beurteilt und wenn etwas unklar dargestellt wurde, kann man korrigieren. Eine professionelle Vorbereitung einer Präsentation beinhaltet viele Schritte.

(01)	Bereiten Sie sich gründlich vor!
(02)	Kürzen Sie den möglichen Stoff und denken Sie über eine Struktur nach! Beispielsweise stehen bei 20 Minuten Präsentationszeit und fünf Kapiteln (Punkten) in einer Präsentation pro Kapitel (Punkt) maximal vier Minuten zur Verfügung. Wenn zu jedem Kapitel (Punkt) fünf zentrale Aussagen erläutert werden sollen, haben Sie dazu nicht einmal eine Minute Zeit.
(03)	Was war die Forschungs- oder Evaluationsfrage? Gibt es dazu neue Aspekte? Hat sich die Forschungsfrage seit dem Zeitpunkt der Themenstellung verändert? Ist es möglich mit einer Verfeinerung oder gar Veränderung der Forschungsfrage einen persönlichen Lernfortschritt aufzuzeigen?
(04)	Legen Sie wenige zentrale „Botschaften" fest!

(05)	Welches Ergebnis (oder Nicht-Ergebnis) ist so bemerkenswert, dass es dargestellt werden soll?
(06)	Legen Sie zum Üben (nicht für Ihre Präsentation!) Präsentationskarten an, die das Wichtigste beinhalten. Es lohnt sich, die Erstform der Präsentation wortwörtlich zu verfassen und die Übergänge zu berücksichtigen!
(07)	Achten Sie darauf, dass zwischen geschriebener und gesprochener Sprache ein großer Unterschied besteht. Die Sätze auf Ihren Präsentationskarten sollten nicht zu lang sein. Versuchen Sie diese Sätze nach dem Motto „Ein Gedanke, ein Satz" zu verfassen!
(08)	Üben Sie, üben Sie, üben ....
(09)	Sprechen Sie langsam und deutlich!
(10)	Messen Sie die Zeit während der Übung!
(11)	Zeichnen Sie Ihre Präsentation multimedial auf und analysieren Sie diese nach Möglichkeit mit Freundinnen und Freunden! Verwenden Sie keine nichtssagenden Füllwörter, Silben oder Buchstaben (z. B. „Ahahah ...", „Gut!", „OK!") Achten Sie auf die Satzanfänge!
(12)	Üben Sie das freie Reden und schauen Sie dabei die Zuhörenden an! Das kann man gut vor dem Spiegel trainieren.
(13)	Planen Sie die Eröffnung der Präsentation mit einem überraschenden Satz!
(14)	Planen Sie die Übergänge!
(15)	Besuchen Sie den Ort der Präsentation (auch Fußballmannschaften trainieren, wenn auch nur kurz, im gegnerischen Stadion) und versuchen Sie, mögliche technische Probleme zu antizipieren (z. B. wissen Sie genau, wo der Overheadprojektor einzuschalten und scharf zu stellen ist?). Falls Sie einen Computer mit Beamer verwenden, sollten Sie sicherstellen, dass die Technik einwandfrei funktioniert.
(16)	Wenn Sie üben, stehen Sie ruhig und nicht zappelnd vor dem Spiegel und sehen Sie sich selbst in die Augen. Das hilft, sich von den Präsentationskarten zu entfernen.
(17)	Gewinnen Sie Abstand von Details Ihrer Arbeit! Versuchen Sie das Ganze zu sehen und den Nutzen für Ihren persönlichen Fortschritt und auch für die Praxis herauszustreichen!
(18)	Bei kritischen Rückfragen lassen Sie sich nicht aus der Ruhe bringen! Sie sollten Ihre Arbeit zwar verteidigen, sich aber nicht angegriffen oder beleidigt fühlen. Ein Trick: Signalisieren Sie Lernbereitschaft und Einsicht.
(19)	Achten Sie auf Ihr Äußeres (z. B. Kleidung etc.)!
(20)	Sprechen Sie nicht zur Projektionswand (z. B. den Kopf halb gedreht zur Projektionswand, den Körper aber halb den Zuhörern zugewandt)!

Tab. 36: Checkliste für die Planung einer Präsentation

Im Folgenden wird ein konkretes Beispiel angeführt, in dem gezeigt wird, wie der Einstieg und die Übergänge gestaltet werden können. Eine Studierende hat sich in ihrer Bachelorarbeit zum Ziel gesetzt, die Lernkultur in kleinen (und meist ländlichen) Grundschulen zu erforschen. Es lag also eine quantitativ orientierte Arbeit vor. Dabei ging sie von der Forschungsfrage aus, dass wegen der geringen Zahl von Schülerinnen und Schülern im ländlichen Raum eine schülerzentrierte und differenzierende Lernkultur nachzuweisen sein wird. Dem war aber nicht so! Vielmehr zeigte sich, dass der Unterricht im Fach Mathematik auch in kleinen Klassen so abläuft wie in großen Klassen und Schulen.

Die Präsentation war in sieben Teile gegliedert und umfasste 20 Minuten:

(01) Einleitung mit Überraschungsmoment
(02) Kurzer Bezug zur Literatur
(03) Darstellung der Forschungsfrage und ausgewählter Hypothesen
(04) Darstellung ausgewählter Skalen aus den Messinstrumenten
(05) Darstellung ausgewählter Ergebnisse
(06) Diskussion der Ergebnisse
(07) Reflexion

Tab. 37: Beispiel einer siebenteiligen Präsentation

Der Fokus im nachfolgenden Beispiel liegt auf der Formulierung von Überleitungssätzen. Zudem soll ein Beispiel zeigen, dass eine kritische Distanz eingenommen werden kann, um Reflexionsfähigkeit zu signalisieren. Das Thema der Bachelorarbeit und somit auch der Präsentation war „Neue Lernkultur an Klein- und Kleinstschulen im Mathematikunterricht".

Präsentationsteil	**Aussagen der Präsentatorin**
Einleitung mit Überraschungseffekt	„In der Planung meines kleinen Forschungsprojektes für die Bachelorarbeit mit dem Thema ‚Neue Lernkultur an Klein- und Kleinstschulen im Mathematikunterricht' ging ich von einem Mythos aus. Ich war fest davon überzeugt, dass kleine Schulen heile Welten im Sinne einer neuen Lernkultur sind. Vorab möchte ich gleich feststellen, dass ich bei der Themenfestlegung zu wenig auf den Rat der Betreuer gehört habe. Diese meinten, dass das Thema zu allgemein und die Forschungsfrage zu unspezifisch sei. Heute weiß ich, dass ein gründliches Literaturstudium vorab mich vor vielen Irr- und Umwegen bewahrt hätte. Ich möchte nun die Disposition für meine Präsentation darlegen. Meine Präsentation umfasst 7 Punkte, nämlich …"

Überleitung I	„Das Studium der Literatur zu den subjektiven Theorien von Lehrerinnen und Lehrern zeigte mir aber, dass die Präferierung einer Lernkultur nicht von der Anzahl der Schülerinnen und Schüler einer Klasse abhängt."
Ausgewählte Statements aus der Literatur	...
Überleitung II	„Nach jetzigem Wissenstand würde ich eine andere und weitaus präzisere Forschungsfrage formulieren."
Darstellung der Forschungsfrage und ausgewählter Hypothesen	...
Überleitung III	„Die Messinstrumente habe ich aus der Literatur entnommen und für mein Forschungsvorhaben adaptiert."
Darstellung ausgewählter Skalen aus den Messinstrumenten	...
Überleitung IV	„Als Jungforscherin ist man bestrebt, signifikante Unterschiede oder Zusammenhänge zu ermitteln. Die Ergebnisse meiner Forschungsarbeit hingegen belegen keine Unterschiede. Ich möchte nun die Ergebnisse einzeln vorstellen."
Darstellung ausgewählter Ergebnisse	...
Überleitung V	„Die Ergebnisse meines kleinen Forschungsvorhabens widerlegen den Mythos, den ich mir aufgebaut habe!"
Diskussion der Ergebnisse	...
Reflexion	„Ich habe durch dieses Forschungsprojekt gelernt, den Fakten und weniger den Wunschvorstellungen zu folgen. Mir ist auch klar geworden, was evidenzbasierte Qualitätssicherung ist."

Tab. 38: Beispiel gelungener Überleitungen bei einer Präsentation

Immer wieder auftretende Mängel bei Präsentationen können Sie vermeiden, wenn Sie folgende Tipps berücksichtigen:

(01) Sie sollten eine Folie für den Overheadprojektor oder eine Power Point-Folie nicht mit Text vollschreiben und diesen dann ablesen.

(02) Sie sollten das Ablesen eines vorbereiteten Textes, der auch vielleicht noch zu lang ist, unbedingt vermeiden.

(03) Sie sollten die Zeit nicht überschreiten und auch noch den Eindruck hinterlassen, dass Sie erst ein Drittel dessen, was Sie sagen wollten, gesagt haben.

(04) Sie sollten nicht öffentlich bedauern, dass die Zeit, die Sie für die Präsentation haben, eigentlich viel zu kurz ist.

(05) Sie sollten nicht mit Standardsätzen operieren (z. B. „Ich werde jetzt eine Präsentation halten!" oder „Ich werde jetzt meine Arbeit präsentieren!")

(06) Legen Sie Ihre Folien nicht schief, seitenverkehrt oder auf den Kopf gestellt auf.

(07) Stellen Sie keine Folien in nicht lesbarer Schriftgröße her (Faustregel: immer mindestens 20 Punkt).

(08) Eine Power Point-Präsentation nicht überanimieren (z. B. zu viel Farbe oder zu viele bewegte Elemente).

TEIL 2
(FÜR LEHRENDE)

7 Zur Betreuung der Bachelorarbeit

Die Betreuung der Studierenden umfasst eine fachliche, methodische und hochschuldidaktische Dimension und basiert auf den jeweiligen rechtlichen Grundlagen. In Österreich sind dies beispielsweise das Allgemeine Hochschul-Studiengesetz 1966 in der gültigen Fassung, das Universitätsgesetz 2002 in der gültigen Fassung, das Hochschulgesetz 2005, die Hochschul-Curriculaverordnung (HCV) 2006. Zu beachten sind auch die festgelegten Curricula und Prüfungsordnungen an den jeweiligen Universitäten und (Fach-) Hochschulen.

7.1 Wesen der Bachelorarbeit

Zumeist ist den institutionellen Bestimmungen zu entnehmen, dass die Bachelorarbeit vorrangig dem Nachweis der ausbildungsspezifischen Kompetenzen der Studierenden dienen soll. Sie sollen ihre Fähigkeit dokumentieren, eine beruflich oder fachdisziplinär relevante Fragestellung zwar betreut, aber doch über weite Strecken eigenständig und nach wissenschaftlichen Kriterien zu bearbeiten. In der Bachelorarbeit müssen daher wissenschaftliche Erkenntnisse im Kontext eigener Fragestellungen verarbeitet werden. Unter Berücksichtigung der formalen Anforderungen sind die Ergebnisse in Bezug auf die eigene akademische Ausbildung kritisch zu reflektieren.

Grundsätzlich sollen die Studierenden Theorieansätze und Argumentationen in Auseinandersetzung mit ihrer eigenen Fragestellung nachvollziehen, vergleichen und kritisch reflektieren. Empirisch angelegte Arbeiten können als (1) eigene, neue Studien, (2) Sekundäranalysen bereits vorliegender Daten oder (3) Replikationsstudien angelegt werden. Gleichzeitig sollen die Studierenden damit den Nachweis der elementaren Kenntnisse wissenschaftlicher Methoden liefern. Insbesondere geht es in der Bachelorarbeit um das Bearbeiten von Entdeckungs-, Begründungs-, Erklärungs- und Verwertungszusammenhängen sowie um Methoden der Textverdichtung (Analysieren, Systematisieren, Paraphrasieren, Interpretieren). In Abgrenzung zu Dissertationen und Habilitationen sind in Bachelorarbeiten keine neuen Erkenntnisse zum gewählten Thema zwingend gefordert.

Da die Darstellung eines umfassenden Themas im komplexen Bezug von wissenschaftlicher Theorie und fachdisziplinärer oder beruflicher Praxis innerhalb einer zeitlich begrenzten Prüfung nicht möglich ist, wurde dieser Nachweis von den unterschiedlichen Verordnungsgebern durchgängig als schriftliche Hausarbeit vorgesehen. Um das Ziel zu erreichen, ist von den Studierenden unter Rücksprache mit den betreuenden Lehrpersonen ein Themengebiet entweder selbstständig oder aus einem Vorschlagskatalog zu wählen und in einem befristeten Zeitraum die Problemlösung zu bearbeiten. Der befristete Zeitraum erstreckt sich im Wesentlichen auf das letzte Studienjahr (zumeist 5. und 6. Semester).

Der Zeitaufwand zur Erstellung der Bachelorarbeit wird mit der Angabe von Leistungspunkten festgelegt. Bei einer Vorgabe von 10 Leistungspunkten (siehe 1.4 Beispiele standortspezifischer Vorgaben ab S. 24) entspräche dies in etwa 250 bis 300 Arbeitsstunden (ein Leistungspunkt soll einem Workload von 25 bis 30 Stunden entsprechen). Das entspricht in etwa einem zeitlichen Arbeitsaufwand von 7 bis 8 Wochen Vollbeschäftigung bei einer 38- bis 40-Stunden-Woche.

7.2 Die Betreuung

Da im Bachelorstudium zumeist keine lehrveranstaltungsfreie Zeit (mit Ausnahme der Ferien) für die Erstellung der Bachelorarbeiten vorgesehen ist, muss diese schriftliche Hausarbeit lehrveranstaltungsbegleitend abgefasst werden. Dies bietet den Vorteil einer kontinuierlichen Betreuung im Sinne einer prozesshaften Entwicklung der im Zusammenhang mit der Bachelorarbeit notwendigen und herzustellenden Kompetenzen bei den Studierenden. Diese Kompetenzen, die in den Curricula der einzelnen Universitäten und Fachhochschulen festgeschrieben sind, sollen bei den Studierenden im Kontext mit anderen Lehrveranstaltungen aufgebaut und entwickelt werden.

Bei der Betreuung und Beurteilung von Bachelorarbeiten fallen auf der Seite der Lehrpersonen folgende Aufgaben an (siehe Tab. 39).

(01)	Die fachliche (die einzelne Fachdisziplin betreffende) Betreuung
(02)	Die methodische (die Vorgehensweisen beim wissenschaftlichen Arbeiten betreffende) Betreuung
(03)	Die hochschuldidaktische Betreuung im Sinne von Beraten, Lenken, Führen, Motivieren etc.
(04)	Die Begutachtung und schriftliche Beurteilung der fertig gestellten Bachelorarbeit
(05)	Eventuell das Führen des Prüfungsgesprächs über die Bachelorarbeit (Defensio) samt Beurteilung

Tab. 39: Aufgaben der Lehrpersonen im Rahmen der Betreuung und Beurteilung

Die Studierenden haben die in Tab. 40 angeführten Aufgaben wahrzunehmen.

(01)	Die eigenständige Erstellung der Bachelorarbeit
(02)	Die eigenverantwortliche Wahrnehmung der Betreuung im entsprechenden Ausmaß
(03)	Eventuell das Ablegen eines Prüfungsgespräches über die Bachelorarbeit (Defensio) vor der beurteilenden Lehrperson bzw. vor einer Prüfungskommission

Tab. 40: Aufgaben der Studierenden

Die fachliche, methodische und hochschuldidaktische Betreuung hat zum Ziel, bei den Studierenden jene erforderlichen Kompetenzen zu fördern und zu entwickeln, die für ein erfolgreiches Verfassen der Bachelorarbeit notwendig sind (siehe Tab. 41).

(01)	Die Grob- und Feinstruktur ihrer Bachelorarbeit entwickeln können
(02)	Die Systematik des Zitierens und verschiedene Belegarten kennen
(03)	Über Kenntnisse wissenschaftlicher Textproduktion verfügen
(04)	Die Qualitätsstandards wissenschaftlicher Arbeiten in ihrem jeweils individuellen Anforderungsprofil reflektieren können
(05)	Inhalte in ihrer Vernetztheit stringent und sprachlich korrekt darstellen können
(06)	Ein differenziertes Problembewusstsein und Fachwissen im Hinblick auf wissenschaftliches Arbeiten entwickeln
(07)	Sich einer vertieften Auseinandersetzung mit fachdisziplinär relevanten Themen stellen
(08)	Ihr Wissen auf der Basis eines komplexen Theorie-Praxisbezuges reflektieren
(09)	Über Erfahrungen in der Planung und Durchführung projektorientierter Forschungskonzepte verfügen

Tab. 41: Kompetenzen, die zu fördern und zu entwickeln sind

Aus dieser beispielhaften Aufzählung[80] ist die verantwortungsvolle Aufgabe der Betreuung beim Verfassen der Bachelorarbeit ablesbar. Daher kann sich die Betreuung nicht auf einige wenige Gespräche mit den Studierenden beschränken, sondern bedarf eines systematischen, planvollen, kontinuierlichen und hochschuldidaktisch-methodischen Vorgehens. Das muss bereits in der ersten Phase

80 Vgl. Module zur Bachelorarbeit im Curriculum der Kirchlichen Pädagogischen Hochschule Wien/Krems

mit der Entwicklung einer brauchbaren Forschungsfrage aus einer gut gewählten Thematik beginnen. Unserer Erfahrung nach liegen oft hier die Gründe für misslingende Arbeiten. Das Motto: „Beginnen Sie mal am Thema zu arbeiten, die Frage können Sie ja immer noch formulieren!" muss mit aller Deutlichkeit als ungeeignet abgelehnt werden.

Die organisatorische Umsetzung dieser Betreuungstätigkeit wird von den Rahmenbedingungen, welche die jeweiligen Universitäten und Fachhochschulen zur Verfügung stellen, abhängen. Jedenfalls ist davon auszugehen, dass die „Betreuung der Bachelorarbeit ... durch wissenschaftlich ausgebildetes und fachlich qualifiziertes Lehrpersonal zu erfolgen"[81] hat.

7.3 Die Beurteilung

Generell sind Bachelorarbeiten gemäß der jeweiligen Prüfungs- und Studienordnungen zu beurteilen. Gleichzeitig regeln die Verordnungsgeber die Bachelorarbeiten, insbesondere aber deren Beurteilung, mit nur wenigen Bestimmungen, die darüber hinaus in der Anwendung einen verhältnismäßig großen Ermessensspielraum zulassen. Wenn die Bachelorarbeit eine erste wissenschaftliche Auseinandersetzung mit einem gewählten (berufsfeldbezogenen) Thema ist, dann sollte diese Vorgabe von den Studierenden eingefordert und auch der Beurteilung zugrunde gelegt werden. Je nach institutionellen Vorgaben bestehen die Beurteilungen der Bachelorarbeiten (1) ausschließlich aus einer Ziffernnote oder (2) aus einer Kombination von schriftlichem Gutachten und einer Ziffernnote oder (3) aus einer Kombination von formalisierter Kategorienbewertung, einem schriftlichen Gutachten und einer Ziffernnote. Formal dokumentiert letztendlich die Gesamtnote den Studienerfolg. Dort wo sie vorgesehen ist, wird auch die Defensio bzw. Präsentation der Bachelorarbeit in die Beurteilung mit einbezogen.

7.3.1 Beurteilungskriterien der schriftlichen Bachelorarbeit

Um eine fertige Bachelorarbeit entsprechend beurteilen zu können, sollte sie einer bestimmten Systematik folgend gelesen werden. In Anlehnung an Karmasin und Ribing[82] schlagen wir folgende Vorgangsweise vor: (1) Der Problemaufriss gibt erste Anhaltspunkte über die Themenstellung und die daraus abgeleitete(n) Forschungsfrage(n). Gleichzeitig wird die Vorgangsweise aufgezeichnet, wie die bzw. der Studierende die Problemlösung plant. (2) Die Zusammenfassung am Ende des Textteils informiert, zu welchen Ergebnissen die bzw. der Studierende gekommen ist und ob diese der Themenstellung und Forschungsfrage(n) entspre-

81 Hochschul-Curriculaverordnung (HCV) 2006, § 12, Abs. 4
82 2007, S. 33

chend formuliert und dargestellt sind. (3) Das Inhaltsverzeichnis vermittelt einen ersten Eindruck der inhaltlichen Gliederung und darüber, ob die wesentlichen inhaltlichen Bausteine abgearbeitet wurden. (4) Mit dem Thema werden aus Sicht der beurteilenden Lehrpersonen immer auch bestimmte Quellen (Bücher, Beiträge in Zeitschriften, Forschungsberichte etc.) verbunden. Daher ist eine Kontrolle des Literaturverzeichnisses angebracht. (5) Danach erst kann das Studium des Hauptteils der Bachelorarbeit empfohlen werden, wobei zuerst Anfang und Schluss die grundlegenden Informationen über die jeweiligen Kapitel liefern (sollten).

Nach Brink[83] lassen sich vier Kriterienblöcke anführen, die zusammenfassend für die Beurteilung von wissenschaftlichen Prüfungsarbeiten herangezogen werden können (siehe Tab. 42).

(01)	**Untersuchungskonzept**[84] Deckt das Untersuchungskonzept das Thema vollständig ab? Ist der Aufbau der Untersuchung systematisch und entspricht er der Themenstellung? Ist die Gewichtung der Untersuchungsteile im Hinblick auf das Gesamtthema angemessen? Sind die in der Arbeit vorgenommenen Abgrenzungen themengerecht und nachvollziehbar begründet? Ist das von der Verfasserin bzw. vom Verfasser entwickelte Untersuchungskonzept in sich schlüssig und ausgewogen? Wird das Thema in einen größeren fachlichen Zusammenhang eingeordnet?
(02)	**Untersuchungsinhalt** Wurde die themenspezifische Literatur umfassend ausgewertet, vergleichend analysiert und entsprechend verarbeitet? Wurden eigene Forschungsaktivitäten entfaltet und eigene Ansätze entwickelt? Sind alle Schlussfolgerungen das Ergebnis logisch aufgebauter Argumentationsstränge? Sind die verwendeten Methoden und Modelle geeignet, wurden Begründungen für ihre Auswahl geliefert? Ist die Verfasserin bzw. der Verfasser kritisch mit der Literatur umgegangen? Wurden eigene Ansätze entwickelt bzw. eigene Beurteilungen vorgenommen?
(03)	**Darstellungsstil** Sind die Ausführungen verständlich und gut lesbar? Wurden die verwendeten Quellen offengelegt? Ist die Ausdrucksweise wissenschaftlich sachlich in Fachsprache abgefasst? Wurden alle Aussagen in sich schlüssig bewiesen bzw. mit nachprüfbaren Quellen belegt? Wurden Aussagen durch Beispiele verdeutlicht? Wurde gegen Grammatik-, Rechtschreibungs- und Zeichensetzungsregeln verstoßen?
(04)	**Darstellungsform** Wie ist der äußere Eindruck der Arbeit? Ist die Zitierweise korrekt? Ist die Gliederung formal zu beanstanden?

Tab. 42: Vier umfassende Kriterienblöcke zur Beurteilung der Bachelorarbeit

83 2005, S. 225

84 Der Terminus „Untersuchung" beschränkt sich hier nicht ausschließlich auf empirische Untersuchungen, sondern meint die Untersuchung der Forschungsfrage schlechthin, unabhängig von der methodologischen Vorgangsweise.

Des Weiteren unterscheidet Brink[85] vier Stufen, an denen der wissenschaftliche Wert einer Arbeit gemessen werden kann. Je höher die erreichte Stufe, desto höher ist ihr wissenschaftlicher Wert, desto besser können eine Beurteilung und somit auch eine Benotung ausfallen (siehe Tab. 43).

1. Stufe Arbeiten, die über diese Stufe des wissenschaftlichen Wertes nicht hinauskommen, sind durch einen reproduktiven Arbeitsstil gekennzeichnet, d.h. die Untersuchung ist rein deskriptiv angelegt. Die themenrelevante Literatur wurde zwar gefunden und bearbeitet, sie wurde aber mehr oder weniger nur reproduziert.
2. Stufe Arbeiten auf dieser Stufe sind dadurch gekennzeichnet, dass sie im Vergleich zur vorhandenen Literatur einen anderen Aufbau aufweisen. Die Autorin bzw. der Autor hat die Problemstellung anders abgegrenzt und ggf. verschiedene Literaturmeinungen einander gegenübergestellt. Arbeiten dieser Stufe beschränken sich allerdings nur auf eine Darstellung, Beschreibung und Erläuterung der Probleme.
3. Stufe Auf dieses Niveau gelangen Arbeiten, die sich von vorhandenen Literaturquellen lösen. Die Autorin bzw. der Autor interpretiert und beurteilt die Literaturmeinungen selbstständig.
4. Stufe Bei Arbeiten auf der höchsten Stufe des wissenschaftlichen Wertes analysiert die Autorin bzw. der Autor das Problem selbstständig. Die Literatur wird dabei nur als Hilfsmittel zur Lösung des betrachteten Problems verstanden. Verschiedene Lösungsansätze werden abgewogen und daraus eigene Ansätze entwickelt.

Tab. 43: Vier Stufen zur Beurteilung des wissenschaftlichen Wertes

Bei der Beurteilung einer Bachelorarbeit werden inhaltliche, methodische und formale Aspekte einfließen. Die Gewichtung der Einzelkriterien obliegt den beurteilenden Lehrpersonen. Aufgrund der „Gutachter-Individualitäten"[86] sind daher keine allgemein gültigen Angaben möglich. Die folgende Checkliste in Tab. 44 soll Anhaltspunkte bieten, welche Fragen bei der Beurteilung einer Bachelorarbeit eine Rolle spielen können[87].

85 2005, S. 226
86 Bänsch 2003, S. 73
87 Vgl. Bänsch 2003, S. 73–76; Karmasin & Ribing 2007, S. 33–36

(01) **Zur Fragestellung**

Ist die Fragestellung klar formuliert? Ist die Fragestellung themenadäquat, d. h. bezieht sie sich ausschließlich auf das vorliegende Thema? Wird die Fragestellung dem Typ der Bachelorarbeit gerecht, d. h. schöpft sie das Thema hinsichtlich Breite und Tiefe in der Form aus, die man bei einer sechs- bis neunmonatigen Bachelorarbeit mit neun Credit-Points (225 Arbeitsstunden) zumuten und fordern kann?

(02) **Zur Behandlung der Fragestellung**

Zeigen die Ausführungen themenfremde und/oder in der dargebotenen Breite nicht themennotwendige Passagen? Werden Themenfragen komplett ausgelassen oder nur partiell behandelt? Werden Argumentations-/Beleg-/Beweisketten entwickelt oder werden einfach Behauptungen aufgestellt, bloße Mutmaßungen und/oder Spekulationen unterbreitet? Sind die entwickelten Argumentations-/Beleg-/Beweisketten lückenlos und in sich widerspruchsfrei? Welche Stärken zeigen die einzelnen Kettenglieder im Sinne von überzeugend/beweiskräftig versus fragwürdig/zweifelhaft? Werden in Relation zu dem zu demonstrierenden wissenschaftlichen Niveau „Selbstverständlichkeiten/Trivialitäten" ausgebreitet? Gibt es ungerechtfertigte Wiederholungen?

(03) **Zu den Ergebnissen**

Sind die Ergebnisse klar formuliert? Harmonisieren die Ergebnisse mit der Fragestellung? Sind die Ergebnisse in sich widerspruchsfrei? Sind die Ergebnisse die folgerichtigen Schlussglieder von Argumentations-/Beleg-/Beweisketten?

(04) **Zu Definitionen, Prämissen und Untersuchungsdesigns**

Sind alle definitionspflichtigen Begriffe klar und problemstellungsgemäß gefasst und konsequent durchgehalten sowie Definitionsunterschiede bei Literaturbezügen korrekt berücksichtigt? Sind alle verwendeten Prämissen und im Laufe der Arbeit vollzogene Prämissenänderungen jeweils klar angezeigt und haben Prämissenunterschiede bei Literaturbezügen die notwendige Beachtung gefunden? Ist im Falle eigenvollzogener empirischer Untersuchungen das jeweilige Untersuchungs- und Auswertedesign klar und vollständig offengelegt und ist bei Bezugnahmen auf fremdvollzogene empirische Untersuchungen deren Design verständig berücksichtigt?

(05) **Zu Stil und Sprachregeln**

Ist die Arbeit in ihrer Wortwahl und Ausdrucksweise eindeutig verständlich, prägnant und treffend? Sind die einzelnen Sätze klar, inhaltlich aussagekräftig und in sich logisch? Sind die Satzverknüpfungen sprachlich und logisch korrekt, spiegeln die Satzfolgen in lückenloser Form die dem Untersuchungsziel adäquaten Gedankenabläufe wider? Zeigt die Arbeit Verstöße gegen die Regeln der gültigen Rechtschreibung, Grammatik oder Zeichensetzung?

(06)	**Zur Literaturbearbeitung und Zitierweise** Wurde qualitativ angemessene Literatur in gebührendem Umfang herangezogen? In welchem Umfang spiegelt sich die im Literaturverzeichnis ausgewiesene Literatur tatsächlich im Text der Arbeit wider? Wurde die Literatur (ohne Verfälschungen, auf dem letzten Stand, primär) ausgewertet? In welchem Grade und auf welchem Niveau ist eine kritische Auseinandersetzung mit der Literatur zu registrieren? Ist die Zitierweise adäquat (unnötiges Zitieren, Ausmaß wörtlichen Zitierens)? Ist die Zitierweise korrekt (eindeutige Erkennbarkeit übernommenen und eigenen Gedankengutes, Vollständigkeit der Angaben zu den einzelnen Quellen)?
(07)	**Zur Gliederung** Ist die Gliederung formal korrekt (konsequente Gliederungs-Klassifikation, tatsächliche und vollständige Untergliederung, richtige Zuordnung von Ober- und Unterpunkten, Kriterienreinheit der Untergliederung, angemessene Gliederungstiefe)? Ist die Gliederung in allen Teilen und insgesamt inhaltlich verständlich und in Bezug auf das Thema aussagekräftig?
(08)	**Zur Eigenständigkeit** Zeigt die Arbeit Eigenüberlegungen in Form eigener Ansätze, zeigt sie die Umsetzung eigener Ideen? Auf welchem Niveau liegen diese Eigenleistungen? Erweisen sie sich als treffend/abgesichert? Werden Literaturlücken registriert und zu schließen versucht? Werden Widersprüche und Fragwürdigkeiten in der Literatur herausgearbeitet, kommentiert und aufzulösen versucht? Zeigt die Arbeit Eigenständigkeit hinsichtlich des Konzeptes der Problembearbeitung, hinsichtlich der Darstellung/Illustration, der Verdichtung und Verknüpfung des gesammelten Materials sowie hinsichtlich der Texte zur Wiedergabe/Kommentierung der Literatur?
(09)	**Zu Darstellungen und Verzeichnissen** Sind die Darstellungen (Abbildungen, Tabellen) korrekt durchnummeriert und inhaltlich bezeichnet? Wurden die erforderlichen Verzeichnisse (Inhalts-, Abbildungs-, Tabellen-, Abkürzungs-, Literaturverzeichnis) korrekt angelegt und an der jeweils richtigen Stelle platziert?
(10)	**Zur Reinschrift** Sind das Deckblatt, alle Textseiten in richtiger Aufteilung (Rand, Zeilenabstände) gut lesbar (Größe, Konturierung) gestaltet und in richtiger Form paginiert? Wurde die vorgegebene Seitenzahl eingehalten? Ist die geforderte eidesstattliche Erklärung korrekt verfasst, datiert und eigenhändig mit Vor- und Zunamen auf allen einzureichenden Exemplaren unterschrieben?

Tab. 44: Checkliste zur Beurteilung der Bachelorarbeit

Dieser Kriterienkatalog zur Beurteilung der schriftlichen Bachelorarbeit ist sehr umfangreich dargestellt worden, entspricht aber seinem Stellenwert und soll helfen, sich einen ersten Überblick zu verschaffen, welche möglichen Kriterien der Beurteilung einer Bachelorarbeit zugrunde gelegt werden sollten. Empfehlenswert und vorteilhaft für eine intersubjektiv nachvollziehbare Notengebung ist die Kombination von formalisierten analytischen Bewertungen[88] (siehe Tab. 45) und freien Bewertungsformen.

Wissenschaftlicher Wert	☐ (-)	☐ (+)	☐ (+) (+)	☐ (+) (+) (+)	☐ (+) (+)(+)(+)
Kriterienblöcke:					
Untersuchungskonzept		☐ (–) (–)		☐ (+)/(–)	☐ (+) (+)
Untersuchungsinhalt		☐ (–) (–)		☐ (+)/(–)	☐ (+) (+)
Darstellungsstil		☐ (–) (–)		☐ (+)/(–)	☐ (+) (+)
Darstellungsform		☐ (–) (–)		☐ (+)/(–)	☐ (+) (+)
Detailkriterien:					
Fragestellung		☐ (–) (–)		☐ (+)/(–)	☐ (+) (+)
Behandlung der Fragestellung		☐ (–) (–)		☐ (+)/(–)	☐ (+) (+)
Ergebnisse		☐ (–) (–)		☐ (+)/(–)	☐ (+) (+)
Definitionen, Untersuchungsdesigns		☐ (–) (–)		☐ (+)/(–)	☐ (+) (+)
Berufsfeldbezug		☐ (–) (–)		☐ (+)/(–)	☐ (+) (+)
Stil und Sprachregeln		☐ (–) (–)		☐ (+)/(–)	☐ (+) (+)
Literaturbearbeitung und Zitierweise		☐ (–) (–)		☐ (+)/(–)	☐ (+) (+)
Gliederung		☐ (–) (–)		☐ (+)/(–)	☐ (+) (+)
Eigenständigkeit		☐ (–) (–)		☐ (+)/(–)	☐ (+) (+)
Darstellungen und Verzeichnisse		☐ (–) (–)		☐ (+)/(–)	☐ (+) (+)
Reinschrift		☐ (–) (–)		☐ (+)/(–)	☐ (+) (+)

Tab. 45: Formalisierte Beurteilungskategorien

7.3.2 Beurteilungskriterien der Defensio

Zweck der Defensio ist die Darlegung der Kernaussagen und der Nachweis der Eigenständigkeit der Abfassung der Bachelorarbeit. Dabei sind (1) die Erkenntnis leitenden Interessen, (2) die Forschungsfrage(n), (3) die Genese, (4) im Rahmen eines kurzen Abrisses der Gesamtproblematik die Problemzonen und (5) die Ergebnisse der Arbeit aufzuzeigen. Die Defensio gibt der Kandidatin bzw. dem Kandidaten die Möglichkeit zu zeigen, dass sie bzw. er sich in den Fachbereichen, denen die Themenstellung zuzurechnen ist, einer wissenschaftlichen Diskussion stellen kann und dabei zur speziellen Themenstellung Perspektiven darlegen und begründen kann. Die Defensio soll möglichst anschaulich erfolgen, alle verwendeten Methoden und Medien haben aber im Dienst des oben angeführten Ziels zu stehen und nicht Selbstzweck zu werden. Im Rahmen der Defensio hat sich die Prüfungskandidatin bzw. der Prüfungskandidat auch

88 Vgl. Jäger 2007, S. 219–236

den kritischen Fragen der Lehrperson bzw. Kommissionsmitglieder zu stellen. Im Allgemeinen wird der Zeitrahmen für die Abhaltung einer Defensio zwischen 20 und 30 Minuten betragen.

Die Kriterien zur Beurteilung der Defensio betreffen einerseits den Inhalt der Bachelorarbeit im Kontext der Fachbereiche, denen die Bachelorarbeit zuzurechnen ist, aber auch andererseits die Fähigkeit zur mündlichen Präsentation. Als Kriterien können daher die nachfolgenden Fähigkeiten angegeben werden (siehe Tab. 46).

(01)	Fähigkeit zur klaren, wissenschaftlich fundierten Ausdrucksweise
(02)	Fähigkeit zum Aufspüren von Querverbindungen zwischen den Fachbereichen
(03)	Fähigkeit zu vernetztem Denken
(04)	Fähigkeit zur Herstellung von Praxisbezügen
(05)	Fähigkeit auf eventuell im Gutachten der Bachelorarbeit geäußerte Kritik einzugehen, indem die Behebung der Mängel im Gespräch nachgewiesen wird
(06)	Fähigkeit zur mündlichen Präsentation einer komplexen schriftlich abgehandelten Fragestellung

Tab. 46: Kriterien für die Beurteilung der Defensio

Das Ergebnis der Defensio ist in die Gesamtbeurteilung der Bachelorarbeit mit einzubeziehen. Eine positive Gesamtbeurteilung der Bachelorarbeit inklusive Defensio stellt den erfolgreichen Studienabschluss dar.

8 Literaturverzeichnis

AMERICAN PSYCHOLOGICAL ASSOCIATION (2009): *Publication manual of the American Psychological Association* (6th ed., 1st print). Washington, DC: American Psychological Assoc.

BACHMANN, Gerhild (2005): Wissenschaftliche Quellen recherchieren. In: STIGLER, Hubert, REICHER, Hannelore (Hrsg.): *Praxisbuch Empirische Sozialforschung in den Erziehungs- und Bildungswissenschaften* (S. 36–42). Innsbruck: Studienverlag.

BÄNSCH, Axel (2003): *Wissenschaftliches Arbeiten. Seminar- und Diplomarbeiten* (8., durchgesehene und erweiterte Auflage). München: Oldenbourg

BECKER, Georg E. (2007): *Unterricht planen*. Weinheim: Beltz.

BOHL, Thorsten (2006): *Wissenschaftliches Arbeiten im Studium der Pädagogik* (2. Auflage). Weinheim: Beltz

BRINK, Alfred (2005): *Anfertigung wissenschaftlicher Arbeiten* (2., völlig überarbeitete Auflage). München: Oldenbourg

BÜNTING, Karl-Dieter, BITTERLICH, Axel, POSPIECH, Ulrike (2000): *Schreiben im Studium: mit Erfolg. Ein Leitfaden*. Berlin: Cornelsen

ECO, Umberto (2003): *Wie man eine wissenschaftliche Abschlussarbeit schreibt.* Im Original u.d.T.: Come si fa una Tesi di Laurea (10. Auflage). Übersetzt von Walter Schick, Nachdruck der 6. Auflage von 1993. Heidelberg: Müller

EUROPÄISCHE BILDUNGSMINISTER (1999, 19. Juni): *Der Europäische Hochschulraum. Gemeinsame Erklärung der Europäischen Bildungsminister. Bologna.* URL: http://www.bmwf.gv.at/fileadmin/user_upload/europa/bologna/bologna_dt.pdf [5.4.2009]

FELBINGER, Andrea, MIKULA, Regina (2005): Wissenschaftliches Schreiben – Vom Exzerpt zum eigenen Text. In: STIGLER, Hubert, REICHER, Hannelore (Hrsg.): *Praxisbuch Empirische Sozialforschung in den Erziehungs- und Bildungswissenschaften*. Innsbruck: Studienverlag. S. 43–54

FÜRSTLER, Gerhard, GSCHWANDTNER, Gabriele, KEMETMÜLLER, Eleonore, SAMAC, Klaus (2007): *Die Fachbereichsarbeit in der Gesundheits- und Krankenpflegeschule* (4. aktualisierte Auflage). Wien: Facultas

GOTTFRIED WILHELM LEIBNIZ UNIVERSITÄT HANNOVER (2008, 11. April): *Gemeinsame Prüfungsordnung für den Bachelor- und Masterstudiengang Wirtschaftswissenschaft.* URL: http://www.uni-hannover.de/imperia/md/content/webredaktion/universitaet/publikationen/verkuend_blatt/ordnungen/fk-wiwi/ f_wiwi_bmpo.pdf [5.3.2009]

HOCHSCHUL-CURRICULAVERORDNUNG (Österreich): BGBl. 2006/495: Hochschul-Curriculaverordnung (HCV) vom 21. Dezember 2006

HOCHSCHULGESETZ 2005 (Österreich): BGBl. 2006/30: Bundesgesetz über die Organisation der Pädagogischen Hochschulen und ihre Studien vom 13. März 2006

HÖGE, Holger (2006): *Schriftliche Arbeiten in Studium und Beruf. Ein Leitfaden* (3., überarbeitete und erweiterte Auflage). Stuttgart: Kohlhammer

JÄGER, Reinhold S. (2007): *Beobachten, beurteilen, fördern! Lehrbuch für die Aus-, Fort- und Weiterbildung.* (Erziehungswissenschaft, 21) Landau: Verlag Empirische Pädagogik

KARL FRANZENS UNIVERSITÄT GRAZ (2007, 20. Juni): *Mitteilungsblatt. Curriculum für das Bachelorstudium Soziologie an der Karl-Franzens-Universität Graz.* URL: http://www-classic.uni-graz.at/sozwww/Dateien/studplan2007.htm [25.2.2009]

KARMASIN, Matthias, RIBING, Rainer (2007): *Die Gestaltung wissenschaftlicher Arbeiten* (2., aktualisierte Auflage). Wien: Facultas

MARTIN-LUTHER-UNIVERSITÄT HALLE-WITTENBERG: *Ablauf der Schwerpunktbereichsprüfung.* URL: http://pruefungsamt.jura.uni-halle.de/pruefungen/ schwerpunktbereichspruefung/ablauf/ [29.3.2009]

MEYER, Hilbert (1994). *UnterichtsMethoden II. Praxisband.* Frankfurt a. Main: Cornelsen Scriptor.

ÖSTERREICHISCHES BUNDESMINISTERIUM FÜR WISSENSCHAFT UND FORSCHUNG: *Europäischer Hochschulraum – Der Bologna-Prozess im Überblick. Beschreibung der Entwicklungsschritte.* URL: http://www.bmwf.gv.at/submenue/euinternationales/ bolognaprozess/ueberblick/ [5.4.2009]

RÖBKEN, Heinke (2006): Managementkonzepte in der Schulentwicklung. Eine Modeerscheinung? *Zeitschrift für Erziehungswissenschaft* (2), S. 255–271

ROSSIG, Wolfram E., PRÄTSCH, Joachim (2006): *Wissenschaftliche Arbeiten – Leitfaden für Haus- und Seminararbeiten, Bachelor- und Masterthesis, Diplom- und Magisterarbeiten, Dissertationen* (6., erweiterte Auflage). Weyhe: Teamdruck

THEISEN, Manuel R. (1993): *Wissenschaftliches Arbeiten. Technik – Methodik – Form* (7., überarbeitete und aktualisierte Auflage). München: Vahlen

THEISEN, Manuel R. (2006): *ABC des wissenschaftlichen Arbeitens.* München: Beck

UNIVERSITÄT BASEL (2007, September): *Anleitung zum Verfassen von Bachelorarbeiten in der Klinischen Kinder- und Jugendpsychologie.* URL: http://www.psycho.unibas.ch/ fakultaet/kinderjugend/files/BachlorarbeitenKKJP.pdf [7.3.2009]

UNIVERSITÄT ERFURT (2006, 25. Oktober): *Rahmenprüfungsordnung der Universität Erfurt für den Baccalaureus-Studiengang.* URL: http://www.uni-erfurt.de/ fileadmin/public-docs/Hochschulrecht/Satzungsrecht_UE/BA-Studium/RPO/BA_RPO___2007-02-28.pdf [7.3.2009]

UNIVERSITÄT LUZERN: (2003, 9. April): *Studien- und Prüfungsordnung der Fakultät II für Geisteswissenschaften der Universität Luzern.* URL: http://www.unilu.ch/files/ gf_spo-plus-tabelle-aenderungen.pdf [3.3.4.2009]

UNIVERSITÄT ST. GALLEN (2009): *Merkblatt Bachelor-Arbeit.* URL: http://www.studium.unisg.ch/org/lehre/files.nsf/SysWebRessources/BS_MB_BArb/$FILE/BS_MB_BArb.pdf [8.4.2009]

UNIVERSITÄTSGESETZ 2002 (Österreich): BGBl. I Nr. 120/2002: Bundesgesetz über die Organisation der Universitäten und ihre Studien in der Fassung des Bundesgesetzes BGBl. I Nr. 77/2005 vom 28. Juli 2005

Über die Autoren

Klaus Samac, Dipl.-Päd., Mag., Dr.,
Professor an der Kirchlichen Pädagogischen Hochschule Wien/Krems
Campus Krems-Mitterau (klaus.samac@kphvie.at)

Monika Prenner, Dipl.-Päd., Mag., Dr.,
Professorin an der Pädagogischen Hochschule Niederösterreich
(prenner@willendorf.at)

Herbert Schwetz, Univ. Doz., Mag., Dr.,
Professor an den Pädagogischen Hochschulen in der Steiermark
und Dozent im Fachbereich für Erziehungswissenschaft
der Universität Salzburg (hschwetz@inode.at)